아이와 어떻게 대화할까

자녀의 마음을 여는 **부모 대화 수업 7교시**

아이와 어떻게 대화할까

How To Talk with My Children

이현심 지음

심플라이프

추천사

육아에 지친 부모들에게 필요한
자녀와의 공감 대화법

  사단법인 한국심리상담연구소는 '부모와 자녀 간 대화 방법'을 널리 알리고 있는 교육기관입니다. 이 대화 방법 즉 '효과적인 부모 역할 훈련(PET)'은 세계적으로 유명한 심리학자이며 노벨평화상 후보에 네 차례나 올랐던 토머스 고든의 이론을 바탕으로 개발되었습니다. PET를 배운 참가자들은 이것이 자신의 '삶의 방법'을 재조명하는 데 절대적인 영향을 줄 수 있음을 깨달았습니다.

  이 책을 쓴 이현심 강사는 본인이 쌓아온 35년간의 양육 방법 연구 및 교육 경험을 바탕으로 현실적이고 명료한 육아 가이드를 제시합니다.

  따라서 이 책은 자녀 교육에 어려움을 겪는 부모들에게 불안한 마음을 잠재우는 따뜻한 길잡이 역할을 해줄 것입니다. 총 7주간 진행되는 이 과정을 충실히 따라간다면 분명 자녀에게 긍정적 변화가 생기리라 믿습니다. 특히 6교시 '환경 재구성 및 제3의 방법'은 사랑하는 자녀에게 '더불어 해결책을 찾는 다양한 방법'을 제공하는 데에 큰 도움이 될 것입니다.

좋은 부모가 되려고 노력하는 이들에게 이 책은 훌륭한 안내서이며, 나아가 현대 사회의 육아 필수 지침서가 되리라 생각합니다.

아무쪼록 많은 부모님들이 이 책을 읽고 실천함으로써 더욱 화목하고 서로 성장하는 가정 이루시기를 바랍니다.

한국심리상담연구소 소장 김인자
(ETI-Korea 대표, WGI-Korea 대표, IPPA-Korea 대표,
대인긍정심리교육재단 이사장)

수업을 시작하기 전에

여러분은 이미 훌륭한 부모입니다

지난 수년간 우리는 올바른 부모가 되어야 한다는 강박에 시달려왔습니다. 미디어의 잔소리, 인터넷에 떠도는 협박성 정보 즉 '그렇게 키웠다간 아이가 빌런이 된다'는 식의 내용이 그런 강박을 키웠습니다. 그래서 가뜩이나 힘든 육아 생활에 스트레스가 배가되었지요.

자녀가 조금이라도 예민하거나 못되게 굴면 이런 생각이 듭니다. '검사를 받아봐야 하나?' '상담소를 가야 하나?' '그럼 정신과 이력이 남는 건가?' '내가 너무 유난 떠는 건가?' '괜히 여기저기 물어봤다가 누가 흉보면 어떡하지?' 등등의 생각이 꼬리를 뭅니다.

그러나 괜찮습니다. 우리는 육아 방법을 제대로 배운 적이 없으니 서툴 수밖에 없습니다. 아무것도 배우지 않았는데 이 정도 키운다? 잘하고 있는 겁니다.

초보운전 시절을 생각해봅시다. 먼저 필기시험을 치르고 합격을 하면 실기시험을 봅니다. 그렇게 면허증을 따고 첫 차를 사면 설레는 마음으로 '정말 잘 몰아봐야지' 하며 운전을 시작합니다. 그런데 막상 차를 몰고 도로에 나가면 긴장해서 손이 벌벌 떨리고, 겁이 나고, 진땀을 빼기 마련입니다.

그럼 아이 키우기는 어떤가요? 다들 필기나 실기시험 준비도 없이, 아무 자격증도 없이 시작합니다. 부모 교육에 대한 이론을 한 번도 배워본 적 없이 말이죠.

갓 태어난 아이를 보며 '정말 잘 키워야지!' 하는 의욕에 불타 육아를 시작하지만, 아이가 점점 커갈수록 더 어려워지기만 합니다. 자녀가 말을 하기 시작하고 초등학교에 입학하고 중학생, 사춘기, 고등학생이 되어갈수록 점점 부모와는 멀어져가는 것 같아 속상할 때도 많습니다. 생각과 걱정이 꼬리를 물다 보면 '어쩌다가 이런 애가 됐지?' '내가 뭘 잘못 가르쳤나?' 하는 자책에 빠지기 십상입니다.

게다가 TV나 유튜브의 육아 코칭 콘텐츠에 출연한 소위 육아 전문가들의 이야기를 들으면 한숨이 더욱 깊어집니다. '저렇게 키웠어야 하는구나. 나는 왜 그러지 못했지. 결국 내가 잘못 키운 거야' 하는 자괴감이 들기도 하고요.

정보의 홍수에 빠져 이것저것 찾아보다 보면 '애 하나 키우는 게 뭐 이렇게 복잡해! 나 때는 그저 부모가 시키는 대로 했어도 문제 하나 없이 잘 컸는데!'라는 생각이 고개를 들며 육아 코칭에 대한 거부감도 슬슬 피어오릅니다.

저는 35년간 한국심리상담연구소 소속 PET* 전문 강사로 활동하고 있습니다. 스승인 김인자 소장님께 배운 지식과 경험을 바탕으로 그동안 수천 명의 부모들에게 부모-자녀 간 대화법을 주제로 강의해 왔습니다.

이 책에서는 자녀가 잘 성장하도록 돕는 방법을 가급적 쉽고 명확하게 제시하려 합니다. 복잡한 이론을 다루기보다는 실습과 연습 위주로, 즉 누구나 쉽게 따라 할 수 있는 워크북 형태로 구성하였습니다. 이 책을 읽고 여러분이 머지않아 자신과 자녀가, 또 배우자가 달라지는 모습을 발견하기를 희망합니다.

독서에서 나아가 더 전문적으로 공부해보고 싶은 분들은 한국심리상담연구소가 운영하는 '관계 효율성 훈련' 교육을 받아보시기를 추천합니다. 이 교육을 받고 나면 평소에 인지하지 못했던 가족 관계 형성에 대한 새로운 세계가 열릴 거라 자신합니다.

한편 이 책의 내용을 따라 하며 자녀와 대화하다 보면 자녀가 이런 반응을 보일 수도 있습니다. "엄마가 갑자기 왜 저러실까? 뭐, 며칠 저러시다가 다시 원래대로 하시겠지."

하지만 결국에는 달라진 부모의 태도에 자녀는 부모의 진심을 느끼고 그 노력을 알게 될 것입니다. 좋은 부모가 되고 싶은 부모의 기본 마음가짐과 마찬가지로 자녀들 또한 부모에게 좋은 자녀가 되고 싶다는 마음을 갖고 있습니다. 이 점을 항상 가슴속에 새겨주시길 당부합니다.

이 책에 제시한 내용은 자녀에게만 적용할 수 있는 대화 기술은 아닙니다. 한때 아주 가까웠으나 몇 년간 서로 연락하지 않고 지낸 친구, 아직도 용서가 안 되는 아버지, 한결같이 미운 짓만 골라 하는 형제자매, 입사 이래 수년째 갈등을 겪고 있는 직장 상사 등에게도 이 대화 기술은 긍정적인 효과를 불러올 것입니다.

이 책장을 넘기고 계신 독자분은 좋은 부모가 되겠다는 그 자세만으로 이미 훌륭한 부모이며, 지금과 같은 마음으로 하루하루 수업만 따라오신다면 여러분의 가정은 지금보다 훨씬 따뜻해질 것입니다.

독자 여러분의 노력을 응원하며, 7주간의 교육을 시작하겠습니다.

- Parent Effectiveness Training, 효과적인 부모 역할 훈련. 미국의 유명 심리학자 토머스 고든(Thomas Gordon, 1918~2002)이 1970년대에 개발한 부모 역할 훈련법이다. PET는 가정에서 일어나는 일상적인 문제들에 대한 효과적인 대응 방법을 제시하고 이를 통해 부모-자녀 관계뿐 아니라 부부 관계, 타인과의 관계 등 모든 인간관계를 향상하는 기술이다. 즉 서로의 자존감을 높여주며 함께 문제 해결과 상호 성장을 돕는, 효과적인 커뮤니케이션 기술이다.

차례

추천사 __4

수업을 시작하기 전에 __6

1교시
자기 진단하기

1교시 1 나는 어디까지 수용하는 부모일까? __16
　　　　수용 등급 셀프 체크하기

1교시 2 나의 문제일까, 아이의 문제일까? __25
　　　　문제 소유의 주체 가리기

1교시 3 걸림돌, 일주일에 몇 번 사용? __31
　　　　13가지 걸림돌 사용 횟수 체크하기
　　　• 일주일간 문제 소유 가리기 결과 __40
　　　• 꼭 바꾸고 싶은 구체적 문제 3가지 __41

2교시

반영적 경청법 기초

2교시 1 **일주일간 어떠셨어요?** __44
　　　　 문제 소유, 걸림돌 그리고 수용 범위 확대

2교시 2 **자녀의 말문을 여는 방법** __53
　　　　 소극적 경청법

2교시 3 **반영적 경청 활용법** __58
　　　　 앵무새 화법 & 실전 문제 풀이

　　　• 반영적 경청법을 사용한 나의 사례 __71

3교시

반영적 경청법 심화

3교시 1 **일주일간 어떠셨어요?** __74
　　　　 반영적 경청법의 실제 사례

3교시 2 **완전한 문장으로 구사하려면** __83
　　　　 3가지 법칙으로 반복 훈련하기

3교시 3 **단기간 효과가 좋은 부모의 비결** __96
　　　　 자주 하는 실수들 & 잘 안 되는 이유

　　　• 완전한 문장으로 반영적 경청법을 사용한 나의 사례 __108

4교시

나-전달법 기초

4교시 1 나-전달법의 필수 요건 __112
　　　　사례로 배우는 나-전달법
　　• 나-전달법 연습 __117

4교시 2 나-전달법의 핵심 비법 __121
　　　　나의 'real want'를 찾는 원 포인트 레슨

4교시 3 힘든데 그만하면 안 되냐고요? __126
　　　　힘의 흐름, 빙산 이론, 기어 바꾸기
　　• 기어 바꾸기 사용 사례 __139

5교시

나-전달법 심화

5교시 1 일주일간 어떠셨어요? __144
　　　　잘하는 부모의 사례 엿보기

5교시 2 나-전달법은 자녀에게만 써야 할까? __157
　　　　친구에게, 모임에서, 유아에게 활용하기
　　• 유아 자녀에게 사용한 나-전달법 사례 __164

5교시 3 배우자의 참여를 원한다면 __165
　　　　5가지 욕구 자가 측정하기
　　• 우리 부부의 욕구 자가 진단하기 __171
　　• 반영적 경청법과 나-전달법을 사용한 나의 사례 __180

6교시

환경 재구성 & 제3의 방법

6교시 1 일주일간 어떠셨어요? ―186
　　　　모범생 부모들의 사례 분석

6교시 2 대화만으로 해결되지 않을 때는 이렇게 ―191
　　　　환경 재구성 기술의 개념과 효과
　　　　・ 환경 재구성 유형별 나의 사례 ― 193, 195, 197, 199

6교시 3 문제 해결의 마지막 기술 ―201
　　　　제3의 방법의 개념과 효과
　　　　・ 제3의 방법을 사용한 나의 사례 ―216

7교시

정리 및 평가

7교시 1 지난 6주간 어떠셨어요? ―220
　　　　지금까지 배운 방법을 모두 적용한 사례

7교시 2 '바꾸고 싶은 것'을 상기해봅시다 ―226
　　　　해결 계획표 작성하기
　　　　・ 바꾸고 싶은 것 해결 계획표 ―231

부록　　많은 분이 선택하고 작성한 답 ―237

일러두기
이 책에 등장하는 모든 사례는 상담이나 교육 과정에서 얻은 실제 경험담에 기반한 것으로, 인물의 이름은 모두 가명이며 일부 내용은 각색하였습니다.

1교시

자기 진단하기

1교시 1

나는 어디까지 수용하는 부모일까?

수용 등급 셀프 체크하기

이 책은 강의와 실습으로 구성된 워크북입니다. 각 교시에 해당하는 부분을 읽고 그 내용을 일주일간 자녀에게 적용하며 실습하고, 그다음 교시를 읽고 또 일주일간 자녀에게 적용하며 실습합니다.

매 교시 강의가 끝나면 실습 숙제가 있으며 총 7교시로 구성되었으므로 이 책을 다 읽기까지 7주가 걸려야 정상입니다. 그렇게 일주일마다 자녀의 행동이 어떻게 변하는지, 말투가 어떻게 바뀌는지, 자녀와의 관계가 어떻게 변하는지를 유심히 관찰해보시기 바랍니다.

1교시는 부모인 '나'에 대해 진단하는 시간이며 숙제는 '문제 소유 가리기와 걸림돌 자제하기'입니다.

2교시와 3교시는 '반영적 경청법'을 배우는 기간으로, 2~3교시 숙제는 자녀에게 그대로 사용하며 변화를 관찰하는 것입니다.

4교시와 5교시에서는 '나-전달법'을 배우고 숙제로 자녀와 나-전달법으로 대화하면서 자녀의 반응을 살펴보시면 됩니다.

6교시에서는 '환경 재구성'과 제3의 방법을 배우고 숙제는 이것을 실제로 적용해보는 것입니다.

7교시에서는 지금까지 배운 모든 대화 기술을 사용해 각자 가정에서 가장 바꾸고 싶었던 것을 실제로 바꿔보는 시도를 해볼 것입니다.

아직은 생소한 단어가 많아 도대체 무슨 소리인지 잘 와닿지 않을 수도 있지만 한 주, 한 주 따라오다 보면 금세 파악하실 겁니다. 전체 과정이 어떻게 흘러가는지 궁금하다면 목차를 여러 번 읽어보시기를 권합니다.

그럼, 여러분의 가정에 행복한 변화가 일어나기를 간절히 바라며 수업을 시작하겠습니다.

1교시는 부모인 나에 대해 진단하는 시간입니다. 그중 첫 번째 진단은 수용과 비수용을 파악하는 것인데요, 쉽게 말해 가정에서 일상적인 '문제problem'가 발생했을 때 부모인 나에게 자녀가 하는 말과 행동에 대해 나는 어디까지 수용할 수 있는지를 진단해보는 과정입니다.

다음 표의 문제를 읽고 자신이 수용할 수 있는 것과 수용할 수 없는 것을 최대한 빠르게 체크해보세요.

번호	문제	수용	비수용
1	퇴근 후 저녁, 아이들이 큰 소리로 싸우고 있다.		
2	아이가 부스러기가 많이 떨어지는 과자를 먹는다.		
3	아이가 이번 주말에 친구를 우리 집에 초대해 1박 2일 파자마 파티를 하고 싶다고 말한다.		
4	아이가 5만 원이 든 지갑을 잃어버렸다.		
5	숙제를 끝낸 아이, 밤 11시가 넘도록 잠을 자지 않고 핸드폰을 보고 있다.		
6	퇴근 후 집에 들어오니 아이가 반갑게 인사를 한다.		
7	할머니와 식사하는 자리, 아이는 계속 핸드폰만 보며 퉁명스럽게 대화한다.		
8	아이가 자기 전 내 침대로 와 나를 꼭 안아준다.		
9	학교 평가점수에 포함되지 않는 조별 과제 영상 만들기에서 다른 애들은 무임승차를 하는데 우리 애만 3일째 밤 12시까지 고생하고 있다.		

번호	문제	수용	비수용
10	자전거 타기가 아직 서투른 아이가 답답하다며 안전모를 쓰지 않고 자전거를 끌고 나가려 한다.		
11	평소 무서움을 많이 타는 아이가 공포 애니메이션을 보고 있다.		
12	두 아이가 괴성을 지르며 침대에서 뛰어놀고 있다. 참고로 우리 집은 아파트 7층이다.		
13	아이가 학교에서 모범어린이상을 받아왔다.		
14	아이가 하나에 5만 원짜리 연예인 앨범(포토카드)을 벌써 일곱 개째 샀다.		
15	식사를 끝낸 아이가 자기가 사용한 그릇을 싱크대에 갖다 놓는다.		
16	이마의 여드름 때문에 한 달째 피부과에 다니는 아이가 일주일에 라면을 세 번씩 먹고 있다.		
17	아이가 이번 방학이 시작되면 반 아이들과의 카톡을 차단하고 공부에 집중하겠다고 한다.		
18	자전거를 타고 가면 10분 만에 갈 수 있는 학원인데 아이가 굳이 힘들게 30분을 걸어가겠다고 한다.		

★ 많은 분이 선택한 답은 부록 239~240쪽을 참고하세요.

1교시 _ 자기 진단하기

이 표에서 '수용'에 체크한 개수가 14~18개인 부모는 수용력이 높은 천사 부모 유형입니다. 이 유형은 '좀 그러면 어때?' 하는 가치관을 갖고 있으며, 자녀의 행동 범위를 넓게 열어주는 방식으로 자녀의 판단을 존중하고 자율성 높은 아이로 키우려 노력합니다.

다음으로 수용에 체크한 개수가 11~13개인 경우에는 지극히 평범한 대한민국 부모라고 할 수 있습니다. 이 유형은 비교적 중간 범위의 수용력을 지녔으며, '다른 건 풀어줘도 안전만은 안 돼' '대부분 넘어가지만 싸움만은 용납할 수 없어!' '예의 없는 행동만은 절대 불가'와 같이 특정 요소에 대한 명확한 잣대를 가지고 있는 경우가 많습니다.

마지막으로 수용 체크 항목 10개 이하인 부모는 수용 범위가 좁은, 이른바 '관리 철저 육아' 유형입니다. 이 유형의 부모는 원칙과 규칙을 중요시하고 타인에게 해를 끼치는 것을 매우 싫어합니다. 또한 자녀가 효율적인 생활 습관을 기르는 데 신경을 많이 쓰는 편이며 반듯한 자녀상을 명확히 가지고 있습니다.

자, 그렇다면 앞서와 똑같은 상황에서 '사정'이 바뀐다면 여러분의 수용과 비수용의 선택은 어떻게 달라질까요? 다음 표의 내용을 읽고 자신이 수용할 수 있는 것과 없는 것을 최대한 빠르게 체크해보세요.

		사정	수용	비수용
1	문제	퇴근 후 저녁, 아이들이 큰 소리로 싸우고 있다.		
		A 나는 편안한 마음으로 핸드폰을 보고 있었다.		
		B 조금 전까지 거래처에서 컴플레인 전화를 계속 받고 있었다.		
2	문제	아이가 부스러기가 많이 떨어지는 과자를 먹는다.		
		A 식탁 위에서 쟁반을 깔고 먹고 있다.		
		B 안방 침대 위에서 엎드려 먹고 있다.		
3	문제	아이가 이번 주말에 친구를 우리 집에 초대해 1박 2일 파자마 파티를 하고 싶다고 말한다.		
		A 나는 요즘 특별한 일도 없고 컨디션도 좋은 편이다.		
		B 평일 내내 둘째 육아에 시달리고 있고 집에 먹을 것이 하나도 없다.		
4	문제	아이가 5만 원이 든 지갑을 잃어버렸다.		
		A 이번 달은 마침 생활비가 여유가 있다.		
		B 이번 달은 큰 지출이 많아서 카드값이 연체되었다.		
5	문제	숙제를 끝낸 아이, 밤 11시가 넘도록 잠을 자지 않고 핸드폰을 보고 있다.		
		A 내일은 주말, 특별한 일정도 없다.		
		B 내일은 월요일, 아이를 학교에 보내자마자 둘째 데리고 소아과에 가야 한다.		

★많은 분이 선택한 답은 부록 241쪽을 참고하세요.

이 표의 다섯 가지 문제는 앞서 체크한 표 1~5번과 똑같은 문제입니다. 하지만 같은 문제라도 '사정'이 포함되면 결과는 달라질 수 있습니다.

퇴근 후 저녁, 아이들이 큰 소리로 싸우고 있는 문제일 경우 나의 마음이 편안한 상태라면 어떨까요. "이제 그만하자. 둘 다 잘못한 거니까 잠시 떨어져 있어" 정도로 수용할 수도 있습니다.

반면에 조금 전까지 거래처 담당자에게 계속 컴플레인 전화를 받으며 재택 야근을 하고 있었다면 반응은 달라집니다. "그만해! 엄마 전화하는 거 안 보여? 한 번만 더 싸우면 가만 안 둬!"와 같이 말이죠.

아이가 5만 원이 든 지갑을 잃어버린 상황, 즉 첫 번째 표 4번과 같은 상황입니다. 이번 달은 마침 생활비가 여유가 있다면 이렇게 말할 수 있겠죠. "돈 잃어버리니까 기분이 어때? 속상하지? 어른들도 마찬가지야. 돈을 잃어버리면 정말 속상해. 다음부터는 지갑을 가방 깊숙이 넣고 잘 관리하면 돼. 약속!" 이처럼 소지품 간수법에 대해 교육할 수도 있습니다.

하지만 부족한 생활비로 카드값이 연체되어서 전날 남편과 크게 싸웠다면? "너 그게 어떤 돈인 줄 알아? 엄마는 5만 원 때문에 반찬 하나도 살까 말까 집었다 놨다 하며 얼마나 고민하는데! 왜 칠칠치 못하게 돈을 흘리고 다녀!" 하며 혼을 내겠지요.

이 밖에도 파자마 파티를 하고 싶다고 말하는 아이와의 문제와 둘째 육아에 시달리고 있는 나의 사정, 숙제를 끝낸 후 밤늦게까지 핸드폰을 보고 있는 아이와의 문제와 내일 아침 일찍 둘째를 데리고 소아과에 가야 하는 나의 사정이 섞일 때, 평소라면 수용할 수 있었던 문제도 수용할 수 없는 문제로 바뀌기 십상입니다.

또한 부스러기가 많이 떨어지는 과자를 먹는 아이가 식탁 위에서 쟁반을 깔고 먹고 있을 때와 침대 위에서 엎드려 먹고 있을 때 나의 수용 여부는 달라집니다. 게다가 힘들게 청소를 마친 후라면 분노는 더욱 크게 터질 것입니다.

이렇듯 자녀가 같은 행동을 했어도 부모의 사정에 따라, 자녀에 따라, 혹은 환경에 따라 부모의 반응은 수용이 비수용으로, 비수용이 수용으로 얼마든지 바뀔 수 있지요. 이와 같이 부모의 기준이 달라지는 것은 매우 자연스러운 행동입니다. Here & Now(여기 그리고 지금)! 즉 언제 어디서 어떤 상황에 처해 있느냐에 따라 사람의 반응이 달라지는 것은 너무나 당연하기 때문입니다.

그럴 때 아이가 나에게 이렇게 말할 수도 있습니다. "지난번에는 괜찮다고 하더니 이번에는 또 안 된다고 하고! 아빠는 맨날 이랬다저랬다 해!" 이 말을 들으면 부모는 '내가 육아 기준이 모호해서 아이가 헷갈리겠구나. 양육자로서 일관성이 너무 없나?'라는 생각이 들게 마련입니다.

하지만 아이에게 그런 말을 들어도 괜찮습니다. 나의 사정을 천천히 전달해주면 아이도 이해하게 되거든요. "사실은 아빠가 열심히 해놓은 일이 마음에 안 든다는 전화가 와서 너무 속상했어. 그래서 조금 전 너희에게 화를 냈어. 미안해"라고 말입니다.

　대화는 감정이며 감정은 절대 일관되지 않습니다. 나의 사정에 따라, 아이의 사정에 따라, 외부 환경에 따라 감정은 흔들릴 수 있고 흔들려도 되며 일관성이 없어도 괜찮습니다. 다만 Here & Now! 아이와 다투는 순간이 오면 아이에게 나의 사정을 천천히 설명해주세요.

1교시 2

나의 문제일까, 아이의 문제일까?

문제 소유의 주체 가리기

일상에서는 크고 작은 '문제'들이 날마다 발생합니다. 이번 시간에 배울 것은 그 문제가 자녀가 가진 문제인지, 부모인 내가 가진 문제인지를 구분하는 방법입니다.

이 과정을 통해 누가 문제를 '소유'하고 있는지를 알게 되면 감정의 부딪침이 현저히 줄어듭니다. 여기서 '내가 문제를 소유'했다는 개념은 현재 내 마음이 편안하지 않은 상태를 뜻합니다. 즉 마음이 불편하거나 불안한, 스트레스를 받거나 화가 난 상태일 때 문제를 소유했다고 표현합니다. 다음 표의 문항을 보고 각 항목이 누구의 문제인지 체크해보세요.

번호	발생한 문제	아이의 소유	부모의 소유	둘 다 아님
1	큰애가 잘 씻지 않는 동생에게 땀 냄새가 난다며 자주 불평을 한다.			
2	아이가 아침에 자주 늦게 일어나는데, 지각할 것 같으면 출근으로 바쁜 나에게 차로 데려다달라고 조른다.			
3	중학생인 아이가 반에서 자기만 모태솔로라며 놀림을 받고 우울해한다.			
4	아이가 학교 중간고사를 잘 볼 자신이 없다며 두려워한다.			
5	아이가 원해서 반려동물을 키우는데, 아이는 배설물 처리 담당이면서도 잘 치우지 않는다.			
6	바이올린을 배우는 아이가 주말에 새로 익힌 곡을 들려주겠다고 말한다.			
7	아이가 늦게 들어오는 바람에 나는 친구들과의 저녁 모임에 나가지 못했고 회비는 이미 냈다.			
8	아이를 돌봐주시는 분이 참 잘해주시는데도 내가 외출할 때마다 아이가 운다.			
9	아이가 혼자 자는 것이 무서워 매일 재워달라고 하는데 아이 침대는 좁다.			

번호	발생한 문제	아이의 소유	부모의 소유	둘 다 아님
10	내가 큰맘 먹고 산 한우 고기를 아이는 먹는 둥 마는 둥 깨작거린다.			
11	아이가 평소 친하게 지내던 친구 그룹에서 한 친구에게 따돌림을 당해 화가 났다.			
12	하루 종일 딴짓만 하던 아이가 밤 11시가 넘도록 숙제를 하고 있어 화가 난다.			
13	초4 아이가 주말에 새로 사귄 친구와 함께 처음으로 PC방에 가기로 약속했다.			
14	여드름 때문에 비싼 피부과 치료를 받는 딸, 늦은 밤 라면을 먹겠다고 한다.			
15	오랜만에 가족여행을 갔는데 아들은 종일 핸드폰만 들여다본다.			
16	아이가 유명 아이돌 포토 카드를 모으기 위해 용돈을 모아 같은 앨범 5장을 샀다.			
17	영어학원 단어 숙제가 일주일에 5장인데 우리 아이는 힘들다고 3장만 하고 있다.			

★ 많은 분이 선택한 답은 부록 242~243쪽을 참고하세요.

이 표에 적힌 문제들은 일상생활에서 매우 빈번하게 일어납니다. 그중에는 아이가 소유한 문제도 있고 부모인 내가 소유한 문제도 있습니다. 아이의 문제가 곧 나의 문제라 생각하지 않고 조금 냉철하게 바라보고 구분해본다면 아이와 내가 차츰 분리될 것입니다.

표에서 10번의 경우를 한번 살펴보겠습니다. 또래보다 키가 작은 아들을 생각해서 빠듯한 생활비를 쪼개 큰맘 먹고 마트에서 한우 고기를 사왔는데 아이는 두어 점 집어먹더니 배가 부르다며 계속 딴짓을 합니다. 하나라도 더 먹이려고 한참을 실랑이하다가 화가 난 엄마, "안 먹을 거면 식탁에서 나가!" 하고 외칩니다. 이런 날은 꼭 남편까지 술 먹고 늦게 들어와 욕받이가 되지요.

하지만 아이 입장에서는 너무 황당하게 혼이 난 사건입니다. 자긴 분명 배가 안 고픈데 엄마 혼자 들떠서 고기를 정성스레 굽더니 먹으라고 '강요'를 합니다. 엄마를 배려하는 마음에 억지로 몇 점 먹어줬건만 벌컥 화를 내며 식탁에서 나가라니요! 아이는 한우가 비싸든 말든 전혀 관심이 없는데 말이죠.

이 '한우 깨작 사건'에서 아이는 한우를 먹고 싶지 않았을 뿐이고 문제 소유도 하지 않았습니다. 아이에게 한우를 먹이고 싶었던 엄마가 문제를 소유했기 때문에 갈등이 일어났습니다. 아이는 이 일에 책임이 없습니다. 그런데도 엄마는 아이보다 우위에 있는 강한 존재라서 혼을 낼 수 있었고 약자인 아이는 상처를 받게 되었습니다.

다음으로 표에서 12번의 경우를 보겠습니다. 엄마는 그날 내내 "숙제했니? 숙제 얼마나 했어? 다 했어?" 하고 여러 번 물어봤지만 아이는 "할 거야. 별로 없어. 좀 있다가 할게"라고 하더니 결국 저녁 식사를 다 마친 다음에야 숙제를 하기 시작합니다. 엄마 속은 부글부글 끓어올랐고 밤 11시가 넘도록 숙제를 붙들고 있는 아이에게 잔소리 폭격을 가합니다.

"너 엄마가 아까부터 숙제하라고 했지! 숙제가 이렇게 많은데 계속 미루더니 결국 늦게까지 잠도 못 자고 있잖아! 너 내일 학교도 가야 하는데 얼마나 피곤하겠냐. 응? 내일 깨울 때 안 일어나기만 해봐. 가만 안 둬!"

아이는 마음을 몰라주는 엄마 때문에 속상합니다. 오늘은 오래간만에 숙제가 많지 않아서 두 시간이면 다 할 줄 알았거든요? 10시면 끝날 줄 알았죠. 그런데 갑자기 깜빡하고 있던 영어학원 숙제가 생각나 당황했고 이를 해결하기 위해 계획을 수정, 이제 한 시간만 더 한 뒤 책가방 챙기면 끝! 게다가 요즘은 컨디션이 좋아 다음 날 아침 피곤할 것 같지도 않습니다. 그런데 엄마는 왜 이렇게 잔소리를 하는 걸까요? 숙제를 못 하면 내가 혼날 테고, 피곤해도 내가 피곤한 건데 말입니다. 아이는 자기의 문제를 해결하고 있을 뿐, 문제를 소유한 것은 아닙니다.

아이가 열심히 해결하고 있는데도 숙제 못 하는 문제, 늦잠 잘 문제를 엄마가 만들어서 엄마가 소유를 해버렸기 때문에 갈등이 일어난 것입니다.

이 밖에도 아이가 동생의 땀 냄새에 불평한다든지, 반에서 자기만 모태 솔로라고 놀림당해 우울해한다든지, 시험에 자신이 없어 두려운 것은 모두 아이가 소유한 문제입니다. 부모인 내가 소유한 문제는 아니지요.

자녀의 문제를 부모의 문제로 전환해 화를 내고 야단치는 것은 문제 해결에 전혀 도움이 되지 않습니다. 이와 같이 자녀의 문제를 부모가 소유하면 결국 자녀에게 상처를 주게 됩니다.

하지만 부모가 소유한 문제인 경우도 있습니다. 늦게 들어온 아이 때문에 친구들과의 저녁 모임에 가지 못한 건(7번) 나의 문제입니다. 반려동물 배설물 처리 담당인 아이가 자주 치우지 않아 내가 치워야 하는 것(5번)도 나의 문제, 침대가 좁아 불편한 것(9번)도 나의 문제입니다.

부모인 내가 문제를 소유했을 때, 혹은 아이가 문제를 소유했을 때는 상대방에게 문제를 함께 해결하자고 도움을 요청해 풀어가는 것이 가장 현명한 해결 방법입니다.

이럴 때 사용할 대화 기술은 2교시부터 설명하겠습니다. 일단 이번 1교시에서는 나의 문제인지 아이의 문제인지 구분하는 일에만 신경 써주세요. 이 구분이 명확해지면 내가 화를 내는 횟수가 점점 줄어들고 가정도 차차 평화로워질 것입니다.

1교시 3

걸림돌, 일주일에 몇 번 사용?

13가지 걸림돌 사용 횟수 체크하기

1교시 마지막 수업, 이번에는 우리가 대화에서 사용하는 걸림돌을 알아봅시다. 여기서 걸림돌이란 상대의 감정을 해치는 말을 가리킵니다. 친구와 대화하다가 마음에 비수가 꽂히는 말을 들은 적이 누구나 한 번 이상은 있을 겁니다. 우리는 일상생활에서 생각보다 훨씬 자주, 특히 우리보다 약자인 자녀에게 걸림돌을 많이 사용하고 있습니다.

다음 표(32쪽)를 복사해서 냉장고 같은 곳에 붙여놓고 일주일간 자신이 어떤 걸림돌을 가장 많이 사용하는지 꼭 체크해보시기 바랍니다.

표에서 보듯 우리가 자주 사용하는 걸림돌에는 총 13가지 유형이 있습니다. 유형별로 사용한 걸림돌의 횟수를 일주일간 기록해보면

걸림돌 유형별 예시

번호	유형	예시
1	경고, 위협	너 핸드폰 뺏는다! / 마지막 경고야!
2	훈계, 설교	이게 네가 할 일이야 / 최소한 이건 해야지
3	충고, 해결 방법 제시	○○하는 게 어때? / 아빠는 이렇게 생각해
4	논리적 설득	네가 왜 틀렸냐 하면… / 알아, 그렇지만…
5	분석, 진단	뭐가 잘못인가 하면… / 네 말 앞뒤가 안 맞아
6	캐묻기, 심문	언제? 누구랑? 왜? 그래서?
7	명령, 강요	너, 무조건 해! / 얘기 끝났어. 그냥 해!
8	비판, 비난	넌 게을러서… / 넌 항상 그런 식이야
9	욕설, 조롱	이 멍청아 / 그래, 너 참 잘났다
10	동정	불쌍해 / 그런 거 따위를 걱정해?
11	회피, 후퇴	그만 투덜거리고 즐거운 얘기나 하자
12	비교하기	너희 반 ○○○는 수학 TOP반 올라갔다던데…
13	과거 들먹이기	너 지난번에도 한다고 해놓고 안 지켰잖아!

아마 너무 많아 깜짝 놀라실 겁니다. 걸림돌을 사용하지 않으려면 입을 닫는 수밖에 없을 정도입니다.

1~6번 걸림돌을 많이 사용하는 부모는 대체로 교양을 갖춘 지식인 타입입니다. 가르치고 설명하고 논리적으로 공격하고 훈계와 설교로 대화를 마무리하는 경우가 많습니다. 이런 걸림돌에 자주 노출된 아이들은 부모의 말이 이렇게 들립니다. "너는 멍청해! 그렇게 여러 번 말했는데 또 못 알아듣는구나."

7~10번을 많이 사용하는 부모는 시원시원한 성격에 직설적 타입입니다. 이런 걸림돌을 많이 들은 아이는 어떻게 받아들일까요. '내가 잘못했어. 난 나쁜 아이야. 내가 문제야'라고 받아들입니다. 이런 감정은 가정에서뿐만 아니라 학교 친구들과 지내면서도 비슷하게 느끼며, 참을 때까지 참다가 한 번에 분노가 폭발하는 경우가 많습니다.

11번 회피 걸림돌을 많이 경험한 아이는 '엄마가 나를 좋아하지 않는구나. 피하고 싶다. 엄마는 안 마주치는 게 상책'이라고 여기며 학교나 학원에 갔다가 최대한 늦게 귀가하려고 합니다. 집에 들어오면 살짝 인사만 하고 방으로 쏙 들어가 나오지 않는 아이들이 있지요. 바로 회피 걸림돌을 가장 많이 듣는 자녀들입니다.

'걸림돌을 사용하는 게 뭐 그리 대수라고. 훈육하다 보면 그런 말을 할 수도 있지!'라고 생각할 수도 있습니다. 때로 강하게 교육할 수도 있는 건 당연합니다. 하지만 내가 직접 걸림돌을 겪는다면 기분이 어떨까요?

만약 여러분이 다음 사례에 나오는 걸림돌을 겪었다고 생각해보세요. 그리고 이 이야기에서 교수가 어떤 걸림돌을 사용했는지도 함께 체크해보겠습니다.

어느 초여름, 대학교 1학년 교양수업을 듣는 중인데 강의실에 에어컨이 없어 몹시 후덥지근하다.
참다못해 당신이 손을 들고 말한다.
"교수님, 강의실이 너무 더워요."
그러자 교수가 이렇게 말한다.
"그러면 집에서 에어컨 틀고 계시지, 뭐 하러 오셨나요?"
(9번 조롱에 해당)
"전기를 아껴야 합니다. 우리나라는 에너지 부족 국가로 기름 한 방울 나지 않아요. 그래서 선풍기를 두 대 틀었잖아요."
(4번 논리적 설득)
"학생은 더위를 잘 타나 봐요. 집에서는 보통 몇 도로 하고 살지요? 건강진단은 받아봤습니까?" **(6번 캐묻기, 심문)**
"다른 학생들은 잘 참고 있는데 왜 학생만 유독 더워하나? 참을성이 없는 편인가?" **(12번 비교하기, 8번 비난)**

이런 말을 듣게 되면 교수와 대화하려는 마음이 싹 사라집니다. 대꾸하고 싶지도 않고 마치 벽에다 대고 이야기하는 느낌이 들겠죠.

게다가 상대가 여러분의 학점을 결정하는 교수님이기 때문에 그 권위에 눌려 더욱 위축되고 말하기도 조심스러울 겁니다.

만약 아이가 권위의 상징인 부모에게 이런 말을 들었다면 어떤 느낌이 들까요? 대화를 이어가고 싶을까요? 아니면 입을 닫아버리게 될까요?

요즘도 MBTI 유행이 식지 않고 있지요. 앞서 본 걸림돌은 MBTI 유형에 따라 걸림돌이 되기도 하고 안 되기도 합니다. 예를 들어 "나 오늘 너무 우울해서 탕수육 먹었어"라고 말하는 상대에게는 "왜, 무슨 일이 있어서 우울했어?"가 F(Feeling) 성향의 공감해주는 반응이라고 합니다. 반면에 이렇게 반응하는 사람도 있습니다. "탕수육? 우울할 때는 매운 게 최고야. 고추짬뽕 먹지 그랬어? 과학적으로도 매운 걸 먹으면 땀이 쭉 나면서 스트레스 지수가 내려간대." 후자는 걸림돌 3번인 충고 및 해결 방법 제시에 해당합니다. T(Thinking) 성향이 강한 사람들이 많이 사용하며 이를 들은 F 성향의 사람들은 입을 닫아버리는 경우가 많습니다.

걸림돌 사용 여부는 대상이 나의 자녀인지 남의 자녀인지에 따라서도 확연히 다릅니다. 이는 1교시 2에서 배운 문제 소유와도 관련이 있는데요, 다음 사례를 보겠습니다.

늦은 오후, 엘리베이터를 탔는데 중학생 남자아이가 땀을 뻘뻘 흘리며 손에 농구공을 들고 있다. 이 모습을 보고 내가 말을 건다.

남의 자녀라면 "야, 너 농구 엄청 열심히 하는구나? 나중에 키도 많이 크겠는데? 멋있다!"

나의 자녀라면 "숙제는 했니? 너 운동선수 할 거야? 다른 애들은 죽어라 공부하는데!"

나의 아이에게 퍼부은 이 짧은 문장에는 걸림돌이 세 개나 들어 있습니다. 즉 '숙제는 했니?'(6번 캐묻기), '너 운동선수 할 거야?'(9번 조롱), '다른 애들은 죽어라 공부하는데!'(12번 비교하기) 등이지요.

걸림돌을 왜 사용했을까요? 문제 소유를 부모가 했기 때문입니다. 남의 자녀인 경우에는 내가 문제 소유를 하지 않았기 때문에 걸림돌을 사용하지 않았고 아이와 편하게 소통했습니다. 아마 이 '남의 자녀'는 얼마 후 나와 다시 마주치면 웃으며 인사를 할 것 같네요. 갈등 없이 칭찬만 받은 경험을 했으니까요. 반면 나의 아이인 경우 부모는 이 문제를 부모의 문제로 소유한 뒤 걸림돌을 사용했습니다.

일상생활 속 아주 사소한 일에서도 걸림돌은 생각보다 많이 사용됩니다. 다음 사례를 볼까요.

식사 시간, 6살 딸이 식탁에서 밥을 먹으며 까불거리더니 결국 플라스틱 컵을 떨어뜨려 부엌 바닥에 물이 쏟아졌다.

아이 (얼어붙은 표정으로 엄마 눈치를 살핀다.)

엄마 아, 진짜… 야!

아이 ….

엄마 너, 아까부터 밥을 먹는 둥 마는 둥 하더라니 이럴 줄 알았어! 넌 왜 그렇게 항상 조심성이 없니? 왜 맨날! 플라스틱 컵이었으니 망정이지 유리컵이었으면 어쩔 뻔 했어!

놀란 아이에게 엄마는 8번 비판/비난, 13번 과거 들먹이기와 함께 일어나지도 않은 일을 가정해서 한 번 더 혼을 냅니다. 호되게 야단맞으면 아이가 다음에는 안 그러겠지 하는 바람과 목적이 있어서겠지요. 그런데 세게 야단을 치면 아이가 앞으로 컵을 덜 떨어뜨릴까요? 만약 엄마가 이렇게 말했다면 어땠을까요?

아이 (얼어붙은 표정으로 엄마 눈치를 살핀다.)

엄마 어이구, 오늘 우리 딸이 왜 이러지요~?

아이 ….

엄마 우리 딸 많이 놀랐구나?

아이 (엄마의 이런 반응에 표정이 멍해진다.)

엄마 딸! 조심 좀 해줘~ 그런데 너 엄마한테 혼날까 봐 걱정했구나?

아이 네… 에….

엄마 엄마는 우리 딸 가슴이 놀라서 콩콩거리는 게 더 걱정되는데?

아이 어떻게 알았어? 가슴이 콩콩 뛰는 거?

엄마 엄마도 너만 했을 때 그랬거든.

아이 그랬구나. 엄마, 컵 떨어뜨려서 미안해요. 제가 바닥 닦을게요.

엄마 그래. 엄마도 도와줄게.

아이와 엄마는 바닥에 쏟아진 물을 닦고 다시 식탁에 앉아 이야기를 나눕니다. 앞으로 조심하겠다는 아이의 말과, 그래주면 너무 고맙겠다는 엄마의 말이 오고 간 후 오늘 유치원에서 있었던 일로 주제가 넘어갔습니다.

여기까지 설명하면 이런 질문을 하는 수강생들이 꼭 있습니다. "아니 그럼, 공부도 안 하고 농구하고 온 아이를 보고, 걸림돌을 사용하지 말고 입 닫고 있으라는 말인가요?" "아이가 물을 쏟았는데 어떻게 평정심을 유지하라는 건가요?"

모두 다 참고 용서해주라는 뜻이 아닙니다. 그저 일주일만 배운 지금은 걸림돌 사용만이라도 자제해달라는 것입니다. 4교시가 되면 아이에게 상처를 주지 않고 아이의 행동을 수정할 수 있는 대화 기술을 알려드리겠습니다.

앞서 말씀드렸듯 이 책의 구성은 한 교시의 내용을 읽고 일주일간 자녀에게 적용하며 연습하고, 다음 교시의 내용을 읽고 또 일주일간 자녀에게 연습하는 방식으로 되어 있습니다. 오늘 배운 내용을 일주일간 실습하시면서 자녀의 반응을 유심히 관찰해보세요.

1교시는 자기 진단을 하는 과정으로, 수용과 비수용의 범위, 문제 소유를 자녀가 했는지 부모가 했는지, 나는 아이에게 어떤 걸림돌을 많이 사용하는지를 측정해보는 시간이었습니다.

숙제는 2가지입니다. 첫째, 일주일 동안 일어난 일을 적고 해당 문제가 아이의 문제였는지 아니면 나의 문제였는지를 구분해보는 연습입니다. 다음 표(40쪽)를 이용해 5개 이상 작성해보세요. 많이 작성할수록 좋습니다. 문제 소유를 구분하는 방법을 익힐 수 있으니까요.

두 번째 숙제는 걸림돌 1~13번 가운데 내가 무엇을 몇 번 사용하는지 체크하는 것입니다. 횟수 체크하는 것을 가급적 자녀가 알지 못하게 유의해주세요.

그리고 숙제 하나 더! 부모님이 이 책을 읽는 이유는 무언가 바꾸고 싶어서, 즉 특정 목적이 있어서일 것입니다. 궁극적으로 꼭 바꾸거나 이루고 싶은 것 3가지 이상을 문장으로 적어보세요. 단, '화목한 가정을 이루고 싶다. 서로 사랑하는 가족이 되었으면 좋겠다'처럼 피상적으로 적지 마시고 구체적으로 적기 바랍니다. 예를 들면 '방에서 나오지 않는 고1 맏아이와의 관계를 개선하고 싶다' 또는 '밤 11시 넘도록 잠을 안 자는 막내의 생활 습관을 바꿔주고 싶다'와 같이 말입니다. 그럼 일주일 후에 뵙겠습니다.

일주일간 문제 소유 가리기 결과

번호	일어난 문제	자녀 소유	부모 소유
1			
2			
3			
4			
5			

꼭 바꾸고 싶은 구체적 문제 3가지

번호	바꾸고 싶은 것
1	
2	
3	

2교시

반영적 경청법 기초

2교시 1

일주일간 어떠셨어요?

문제 소유, 걸림돌 그리고 수용 범위 확대

"지난 일주일 동안 어떠셨어요?"

이렇게 질문을 드리면 육아로 답답했던 마음속 이야기들이 봇물 터지듯 쏟아져 나옵니다. "제가 하던 모든 말이 걸림돌이었어요"라는 답변이 기본 중의 기본이고요. 그동안 아이에게 모든 것을 판결해주고 있었던 논리왕 엄마들은 말하길, 알고 보니 아이의 문제 소유를 굳이 나의 문제 소유로 끌어내 설교, 충고, 논리적 설득의 걸림돌을 거의 일상적으로 사용하고 있었더랍니다.

예컨대 두 아이가 싸우고 있을 때, 1교시 내용을 배우기 전의 나는 어땠을까요?

"싸우지 말라고 했지! 더 싸우면 가만 안 둬!" **(1번 경고, 위협)**

"왜 싸웠는지 각자 1분씩 말해봐!" **(5번 분석, 진단)**

"둘째 너는 지난번에도 그러더니 왜 또 그랬어!" **(13번 과거 들먹이기)**

"이번에는 네가 잘못한 거야. 동생한테 사과해." **(3번 해결 방법 제시)**

이렇게 한바탕 걸림돌을 쏟아붓고는 "앞으로 어떻게 해야겠어?"라며 미래까지 단속하기도 합니다. 그리고 약자인 동생 손을 들어주며 명료한 판결에 뿌듯해하는 엄마. 그런데 이때 첫째 아이는 무슨 생각을 할까요? '엄마는 맨날 동생 편만 들어. 내 편은 아무도 없어…' 하며 마음의 문을 닫게 되었을 것입니다.

부모님은 이렇게 반문하실 수 있겠죠. "아니, 그러면 아이들이 싸우는데 문제 소유, 걸림돌 안 쓰기를 하면서 어떻게 문제를 해결하나요?" 이 질문에서 잘못된 부분은 "해결하나요?"입니다. 해결은 자녀들이 해야 합니다.

전에는 자녀들의 문제 소유(둘이 싸움)를 끄집어내 나의 문제 소유로 만든 후 설교, 진단, 위협의 걸림돌을 사용하셨을 것입니다. 그렇다면 지난 일주일간은 어떻게 하셨나요?

"너희 둘 의견이 다른 것 같은데…. 속상하겠다."

딱 여기까지만! 아이 마음을 이렇게 읽어주셨다면 1교시 숙제 점수

100점을 드립니다.

자녀가 문제를 소유했으면 '내가 도와줄 테니 문제 없는 영역으로 가볼래?' 하며 도와줘야 하고요, 내가 문제를 소유했으면 '엄마는 문제 없는 영역으로 가고 싶어. 그러니 날 좀 도와줘'라며 자녀에게 선택의 기회를 주는 것이 핵심입니다.

하지만 가끔 나의 문제인지, 자녀의 문제인지 헷갈릴 때도 있지 않나요? 예를 들면 1교시 문제 소유 가리기 표에서 13번, 15번의 경우입니다.

13번 초4 아이가 주말에 새로 사귄 친구와 함께 처음으로 PC방에 가기로 약속했다.

15번 오랜만에 가족여행을 갔는데 아들은 하루 종일 핸드폰만 들여다본다.

이 경우 문제 소유의 주체를 판단하기 어려웠던 이유는 수용과 비수용의 범위 때문입니다. 친구와 PC방에 가는 것, 즐거운 가족여행에서 더 즐겁게 핸드폰을 보는 것은 자녀에게 문제가 발생하지 않았습니다. 아이가 PC방에 맛을 들여 앞으로 비뚤어지지 않을까, 행복한 가족여행을 핸드폰이 망치는 건 아닐까 하는 문제를 만든 건 부모이며 부모가 그 문제를 소유한 것입니다.

"제가 만든 문제를 제가 소유했다는 건 알겠는데요, 도저히 수용할 수는 없었어요…. 그래서 화를 냈습니다."

이렇게 답하신 부모님들께 100점 드립니다. 문제 소유 가리기와 수용을 완벽하게 구별하셨으니까요. 수용의 범위는 부모의 고유 영역으로, 부모의 철학, 가치 판단, 나아가 가풍家風까지 포함된 것이기 때문입니다.

수용의 범위를 조금 넓힌 부모의 실제 사례를 소개하겠습니다.

4살 아들을 키우고 있는 엄마입니다. 제가 어렸을 때 항상 바쁘게 일하셨던 엄마의 영향이었는지, 저는 결혼하기 전부터 '나중에 아이를 낳게 되면 꼭 아이 옆에 있어주는 엄마가 될 거야'라고 다짐했습니다. 결혼 후 임신 기간에도 육아 도서와 유튜브 등을 통해 육아 이론을 섭렵했죠.

출산하고 육아에 전념하면서 준비한 대로 실행해나갔습니다. 정해진 시간에 책 읽어주기는 기본, 이유식부터 유기농 재료를 고집했고 간식도 직접 만든 것만 먹였습니다.

그런데 아이가 유치원 놀이터에서 친구들이 먹는 여러 가지 간식(캐러멜, 초콜릿 등)에 관심을 보이는 모습을 본 뒤로 저의 마음은 불편해지기 시작했습니다.

그러던 어느 날 조카들이 초코우유를 제 아들에게 권했는데, 아들은 거절을 하고 물을 마시는 것이었습니다. 세상에, 4살짜리 아이가 초코우유 먹고 싶은 마음을 참고 물을 마시다니요.

그날 밤 잠들려는 아이에게 "우리 아들은 그런 간식 중에서 뭐가 제일 먹고 싶어?"라고 물어보니 "막대사탕"이라고 대답하더군요. 저는 아이가 엄마를 위해 자신의 욕구를 누르고 있다는 사실을 알게 되어 무척 마음이 아팠습니다. 아이의 욕구를 존중하려고 노력해왔다고 생각했는데 저의 규제가 오히려 아이에게 죄책감을 주고 있었던 거예요.

다음 날 아이를 유치원에 보낸 후, 막대사탕 파는 곳을 찾아가 커다란 막대사탕 하나를 사왔습니다.

"짜잔~ 여기 막대사탕!"

"와아!"

아이는 뛸 듯이 좋아하며 얼른 맛을 봤어요.

"어떤 맛이야?"

"달콤한 맛!"

세상 행복한 표정으로 사탕 맛을 음미하는 아들.

"막대사탕 먹어보고 싶었지? 좋아하는 책이랑 영상에도 자주 나오니 얼마나 맛이 궁금했을까. 맛있게 먹어."

"네에."

"엄마는 네가 막대사탕을 이렇게 맛있게 먹는 모습을 보니까 너무 행복하다."

"엄마, 나도 엄마가 커피를 맛있게 먹는 모습을 보니까 너무 행복해."

순간, 정말 눈물이 찔끔 날 정도로 아이에게 미안했습니다. 저는 수용 범위를 조금 넓혔을 뿐인데 아이에게는 세상이 달라진 것이었으니까요. 그동안 저의 잣대에 아이를 너무 가둬 놓고 있었다는 생각이 들었습니다.

누군가는 이 엄마를 보며 '단거 안 먹이려고 뭘 저렇게 애를 쓰지. 어차피 다 먹게 돼 있는데!'라고 생각할 수도 있습니다. 하지만 엄마 본인에게는 어린 시절 엄마에게서 받지 못한 것, 즉 결핍에서 비롯한 자기만의 중요한 육아 잣대 중 하나인 것입니다. 그러한 것들이 하나하나 쌓여 수용의 범위가 만들어진 것이고요.

그럼 이번에는 자녀가 둘 이상일 때 가정에서 각 자녀에게 수용해주는 범위가 다른 경우에 대해 설명해보겠습니다. 강의를 하다 보면 첫째 아이에게 주로 사용하는 걸림돌과 둘째 아이에게 사용하는 걸림돌이 따로 있다고 말하는 분들이 종종 있습니다. 이렇게 다른 이유는 무의식적으로 부모가 자녀마다 다른 선입견을 갖고 있어서입니다.

자녀의 나이 서열에 따른 선입견일 수도 있고요. 몸이 아픈 자녀 또는 재능이 뛰어난 자녀에게도 선입견을 갖고 육아를 하게 됩니다. 이런 부모들께는 선입견을 최대한 배제하고 대화해보시기를 권합니다.

자신이 선택하지 않고 태생적으로 주어진 것들이 평가 기준이 돼 버리는 것(예: 맏이, 막내), 또 자신이 노력해서 얻은 재능이 당연한 걸로 평가받는 것(예: 운동 재능)은 누구나 싫어하니까요.

두 자녀를 키우는 부모에게

둘째 아이가 유독 자주 울고 예민한 경우, 부모는 무엇이든 알아서 잘하는 첫째에게 항상 고마워합니다. 하지만 첫째도 외동이거나 막내였다면 어리광을 피우고 싶었겠죠? 그저 동생이 너무 심하게 구니까 참았던 것뿐입니다. 가끔 첫째 아이와만 데이트를 해보세요. 그러면서 물어보세요.

"오늘은 너를 위한 날이야. 엄마랑 단둘이 뭐 하고 싶어?" 그러곤 첫째가 하고 싶어 하는 거 다 들어줘보세요. 그러면 첫째는 엄마에게 폭풍 수다를 안길 수도 있고요, 쌓인 불만을 말할 수도 있어요. 안 부리던 어리광을 부릴지도, 혹은 일부러 떼를 쓸지도 모릅니다. 그동안 자기도 하고 싶었는데 동생 때문에 하지 못했던 행동을 하는 첫째를 보면 부모는 눈물이 날 수도 있습니다.

세상 모든 자녀는 속 썩이는 자녀가 되기 싫어하며 부모 사랑을 많이 받고 싶어 합니다. 부모는 똑같이 사랑하지만, 사랑을 받아먹는 주체는 아이입니다. 똑같이 해주었다고 생각해도 받은 양은 다를 수 있습니다. 가끔은 손 덜 가는 아이와 둘만의 시간을 가져주세요.

세 자녀를 키우는 부모에게

첫째는 맏이라 인정을 받고 셋째는 막내라 사랑을 받는 반면에 둘째는 항상 애매한 위치에 있습니다. 그래서인지 보통 둘째들은 인정과 관심에서 소외되어 있는 경우가 많더라고요. 그렇다 보니 둘째들은 외부에서 인정받기 위해 노력을 많이 합니다. 인사도 잘하고, 공부도 열심히 해보고…. 하지만 집에서는 인정받는 아이가 아니죠. 둘째들이 집에서 문제를 일으키지 않는 것조차 엄마한테 인정받으려고 하는 행위입니다.

세 자녀를 키우는 부모님들은 가끔 둘째만 데리고 데이트하며 마음을 읽어주시면 참 좋습니다. "언니는 언니라, 동생은 동생이라 사랑을 많이 받는 것 같은데, 너는 중간에서 어땠어?"라며 마음을 읽어주면 그간 힘들고 서러웠던 마음에 펑펑 울지도 모릅니다. '둘째 얘는 알아서 잘하니까 괜찮아'는 선입견일지도 모릅니다. 둘째가 얼마나 노력을 하고 있을지 생각해보셨을까요? 그저 등을 토닥토닥 해주기만 해도 많은 것들이 좋아질 것입니다.

한 자녀를 키우는 부모에게

외동아이는 뭐든 다 내 것입니다. 특히 먹을 것은 항상 자기 것이죠. 경쟁자가 없으니까요. 형제자매가 있는 경우보다 제재를 당하는 빈도가 현저히 적습니다. 제재받은 경험이 없으니 자기 것을 아끼고 관리하는 능력을 습득하기에 좋은 환경은 아닙니다.

그럴 땐 외동아이를 둔 이웃끼리 자주 모임을 가져보세요. 아이가 처음에는 자기 물건에 누가 손대는 걸 너무 싫어해서 친구가 놀러 왔을 때 장난감 하나도 만지지 못하게 할 수 있습니다.

아이가 친구와 놀 때 "너 두 개나 있잖아! 친구 하나 줘!" 하고 명령의 걸림돌을 사용하지는 말아주세요. 그 대신, "친구가 네 장난감 만지는 게 싫었구나? 그런데 오늘은 친구도 갖고 놀게 해줬어? 마음이 넓어진 것 같아서 엄마는 네가 참 대견하다" 하고 진심의 칭찬을 해주세요.

일주일 내내 걸림돌 사용을 자제하느라 답답하셨죠? 고생 많으셨습니다. 이제부터 본격적으로 대화 기술을 소개하겠습니다.

2교시 2

자녀의 말문을 여는 방법

소극적 경청법

　소극적 경청법이란 상대방의 말을 듣는 대화 기술의 하나로, 수동적 태도를 유지하며 상대방의 이야기에 집중하는 형태입니다. 소극적 경청법은 네 단계로 이루어집니다. ❶관심 보여주기 ❷침묵하기 ❸인정하기 ❹말문 열어주기가 그것입니다. 외우거나 적어놓을 필요도 없이 다음 사례를 읽어보시면 쉽게 이해가 될 것입니다.

　　엄마　우리 아들, 유치원 잘 다녀왔어?
　　아이　아 진짜…. 짜증 나, 엄마!
　　엄마　(하던 일을 멈추고 아이를 바라본다.) ❶**관심 보여주기**: 하던 일을 멈춘 후 가만히 쳐다보기 / 등을 쓰다듬어주기 등

아이 오늘 놀이터에서 애들이 나만 남겨두고 다 가버렸어.

엄마 …. ❷**침묵하기:** 말하지 말고 기다리기

아이 아, 정말 짜증 나. 내가 놀고 있었는데 잠깐 한눈판 사이에 애들이 싹 없어졌어.

엄마 그랬구나~ 저런…. 그런 일이 있었어? ❸**인정하기:** "그랬어? 그랬구나. 저런…."(자녀가 말없이 있으면 더 기다려준다. 말문이 열릴 때까지.)

아이 일부러 나를 따돌린 것 같아! 내가 핸드폰 혼자 보고 있었거든. 지난번에도 그랬거든!

엄마 그래서? 그다음은 어떻게 됐어? ❹**말문 열어주기:** "그래서? 그다음은?"

아이 아니, 사실은 내가 놀이터에서 핸드폰을 보고 있었는데 애들이 같이 보자고 해서 내가 싫다고 살짝 밀었거든. 그랬더니 애들이 막 뭐라 그러면서…. 그러더니 갑자기 나만 놔두고 가버렸어….

엄마의 소극적 경청법을 통해 아이의 말문 열어주기는 일단 성공했습니다. 이것이 소극적 경청법의 효과입니다. 다만 아이 입장에서는 엄마가 자신의 말을 얼마나 이해했는지, 얼마나 공감했는지에 대해서는 알 수 없어서 더 자세히 얘기하고 싶지는 않았습니다.

10살짜리 손자가 할머니께 씩씩거리며 말한다.

손자 할머니, 할머니가 엄마보다 더 위죠?

할머니 (눈으로 미소 지으며 아이를 본다.) ❶**관심 보여주기**

손자 엄마 좀 야단쳐주세요. 엄마가 나한테 함부로 해요!

할머니 (말하지 않고 기다린다.) ❷**침묵하기**

손자 엄마가 나한테 맨날 밥풀까지 다 먹으라고 하고, 학원 늦으면 혼내고! 저한테 너무 막 해요!

할머니 그랬어? 엄마가 너한테 함부로 대했어? ❸**인정하기**

손자 네! 엄마는 제가 알아서 밥 다 먹을 건데 다 먹기도 전에 맨날 밥풀 남기지 말라고 하고, 학원도 안 늦으려고 시계 보면서 숙제하고 있는데 늦지 말라고 항상 잔소리를 해요!

할머니 그랬어? 그래서 그다음은 어떻게 됐어? ❹**말문 열어주기**

    소극적 경청으로 계속 들어주는 할머니에게 손자는 말문을 열었습니다. 하지만 손자는 할머니가 정말 내 편인지 아니면 엄마 편인지, 내 마음을 제대로 이해하셨는지 확신이 없습니다. 이것은 소극적 경청법의 한계이며 이를 보완하는 것이 다음 장에서 배울 반영적 경청법입니다.

좋은 글

잘 익은 빨간 사과 두 개가 있습니다.

엄마가 양손에 사과를 하나씩 들고 미소를 지으며 아이에게 물어봅니다.

"어느 사과 먹을래?"

아이는 엄마의 왼손에 있던 사과를 집더니 한 입 베어 먹습니다. 그러더니 오른손에 있던 사과도 가져가 한 입을 베어 먹었어요. 엄마가 너무 어이가 없어 혼을 내려고 입을 떼는데, 아이가 이렇게 말합니다.

"엄마, 왼손 쪽 사과가 더 맛있어. 엄마 먹어."

이 글의 제목은 '기다려주는 사람'입니다.

소극적 경청법 한눈에 보기

순번	방법	예시
❶ 관심 보여주기	표정, 긍정적 표현	미소 지으며 눈 맞추기 바라보기
❷ 침묵하기	걸림돌 · 비판 금지	말을 꾹 참고 기다리기
❸ 인정하기	1차 반응, 추임새	그랬어? 그랬구나~ 저런, 어머나~
❹ 말문 열어주기	상대 의견 묻기	그래서? 어떻게 하고 싶은데?

2교시 3

반영적 경청 활용법
앵무새 화법 & 실전 문제 풀이

반영적 경청법은 소극적 경청법의 한계를 보완한 방법으로, 상대방의 마음에 거울을 비추듯 말로 피드백을 주는 대화 기술입니다. 쉽게 말해 상대방의 말을 주의 깊게 듣고 그가 느끼는 감정을 적절히 표현해주는 대화법으로, 친밀한 관계 형성에 큰 도움이 됩니다. 이번 장에서는 반영적 경청법의 가장 기초가 되는 앵무새 화법을 시작으로 반영적 경청의 구체적 방법을 설명하겠습니다.

우리가 일상에서 상대방(자녀)과 무심코 주고받는 말 속에도 알고 보면 작은 법칙이 숨어 있습니다. 다음과 같이 말이죠.

1단계(전달): 자녀가 부모에게 말을 꺼낼 때는 언어뿐 아니라 말투, 표정, 태도, 분위기 등 비언어적 메시지를 포함하여 대화를 시작합니다.

2단계(해독 & 피드백): 자녀의 말을 들은 부모는 언어·비언어적 메시지에 담긴 일종의 암호를 해독하는 과정을 거칩니다. 자녀가 준 입력값을 해독한 후 자신의 느낌이나 생각을 더해 피드백을 줍니다.

3단계(해석 및 표현): 부모의 피드백을 받은 자녀는 내적 의지의 메시지를 해석하여 긍정 또는 부정적 신호를 다시 부모에게 표현합니다.

이와 같이 자녀와 대화할 때 말의 내용 외에도 비언어적 메시지를 함께 해독한 후 피드백을 주는 연습이 필요합니다. 이 사실을 기억하면서 앞으로 일주일간 자녀에게 앵무새 화법을 사용해보세요. 사례를 몇 개 들어보겠습니다.

자녀 (떨리는 목소리로) 엄마, 내가 꼭 주사를 맞아야 해?
(자녀가 문제를 소유했음을 인식해주세요. 그리고 암호를 해독해서 피드백을 줍니다.)
엄마 아플까 봐 무섭구나.

자녀 네, 무서워요.

(이러면 성공. 하지만 자녀가 이렇게 말할 수도 있습니다.)

자녀 아플까 봐 그러는 게 아니라 엉덩이 보이기 싫단 말이에요!

(이 밖에도 뭐가 나올지 모르죠? 무엇이 나오든 다시 한번 읽어주세요.)

엄마 아, 그랬구나~ 엉덩이를 보이기가 싫었구나.

이게 바로 앵무새 화법 '구나 구나'입니다. 자녀의 표현에 주의를 기울이고, 자녀의 말을 그대로 따라 하며 공감해주는 표현 방식입니다.

아이가 엄마와 함께 산책하다 큰 개를 보고 깜짝 놀란다.

자녀 엄마! 큰 개야! 무서워!

엄마 무섭구나~ 큰 개가 물까 봐 무섭구나. (O)
　　　 엄마가 옆에 있잖아. 안 물어. (×)
　　　 자세히 봐, 묶여 있잖아. 아는 만큼 자신감이 생기는 거야. 넌 왜 이렇게 관찰력이 없니? (×)

아이가 무릎에 피를 흘리며 다가온다.

자녀 엄마! 나 넘어져서 아파! 잉잉~

엄마 저런, 많이 아프겠구나~ (O)

어쩌다 그랬어? 어디서? 뭐 하다가? (×)

자녀 저기서 돌다가 걸려 넘어졌어.

엄마 그랬구나~ (O)

이런! 나쁜 돌멩이. (×, 남 탓을 왜 하죠? 아이가 배울라.)

좀 조심하지. (×, 이미 아이도 거기를 지날 때 조심해야 한다는 걸 체득했습니다. 굳이 말할 필요 없어요.)

자녀 저기 삐죽 나온 걸 내가 못 봤어….

엄마 그랬구나. 그걸 못 봤구나.

자녀 다음에는 저쪽으로 돌아서 올 거야.

(결국 자녀가 스스로 해결책을 찾았습니다.)

아니, 아이가 피를 흘리며 울면서 다가오는데 "어쩌다 그랬어?"를 하지 말라고요? 네, 맞습니다. 그냥 꼭 안아줘보세요. 그게 메시지입니다. 안아주는 게 힘들다면 머리나 볼에 손을 올려주세요. 아이는 부모의 메시지를 금방 읽을 수 있습니다.

그럼 이제부터는 조금 더 본격적인 반영적 경청의 사례를 들어보겠습니다. 단순히 자녀의 말을 따라 하는 '구나 구나' 앵무새 화법을 넘어서 아이의 감정과 생각을 읽어주는 대화 방법입니다. 다음 대화를 읽고 ❶과 ❷ 중 반영적 경청을 골라보세요.

자녀 나 정말 학교 가기 싫어.

엄마 ❶그랬구나. 네가 요즘 학교에 가기가 싫어졌구나.

❷학교는 가기 싫다고 안 가는 곳이 아니야. 너도 알잖아.

자녀 진짜 짜증 나. 학교 가는 거 정말 지겨워.

엄마 ❶응, 요새 들어 학교 가는 게 지겨워졌구나.

❷엄마도 집안일이 지겹지만 하잖아. 어쩔 수 없는 거야.

자녀 숙제도 싫고 선생님도 싫고 친구들도 다 싫어.

엄마 ❶왜? 학교에서 무슨 일 있었어?

❷아…. 학교와 관련된 것들이 다 싫어졌구나.

자녀 특히 음악 선생님은 맨날 우리한테 화만 내요. 어른답지 못해. 조금만 잘못해도 다 지적한단 말이에요.

엄마 ❶아, 특히 음악 선생님이 네 마음에 들지 않는구나.

❷너희 반에서만 그래서? 너희 반이 유독 떠드는 건 아니고?

자녀 난 노래 부르는 게 제일 신나는데 그 선생님 때문에 이젠 노래 부르는 것도 싫어졌어요.

엄마 ❶그 선생님이 뭐라고…. 그러면 결국 네 손해야.

❷저런, 그 선생님과 1년을 보내야 하는 게 너무 답답하구나.

자녀 지난번에 내가 박자를 살짝 틀렸는데 나를 콕 집어서 막 뭐라고 하는 거예요. 그게 뭐 그렇게 잘못한 거라고. 아니, 노래를 모르니까 배우는 게 음악 시간인데 굳이 그렇게까지 지적을….

엄마 ❶너만 틀렸어? 무슨 선생님이 그러니? 별로다.

❷많은 아이 앞에서 지적받아서 당황스러웠겠다.

자녀 그리고 우리 반에 재수 없는 애들이 있는데, 회장 포함해서 5명이 있거든? 인기가 좀 있는 애들인데 항상 자기들끼리 모여서 모든 걸 자기네 마음대로 결정해.

엄마 ❶너도 그 그룹에 들어가도록 노력해봐. 아니면 상종하지 말든가.

❷인기 있는 애들이 제멋대로 하는 것 같아 기분이 별로구나.

자녀 솔직히 저도 걔네 그룹에 끼고 싶은데 어떻게 할지를 잘 모르겠어요. 그다지 이쁘지도 않고 공부를 아주 잘하는 것도 아니라….

엄마 ❶그 그룹에 합류하려면 뭘 해야 하는지 궁금한가 보구나.

❷걔네가 널 견제하는 거 아닐까? 무시해. 다 잘될 거야.

(반영적 경청: ❶, ❶, ❷, ❶, ❷, ❷, ❷, ❶)

반영적 경청법을 통해 아이는 엄마와 한참을 이야기하게 되었고 엄마는 요즘 아이의 걱정거리들이 무엇인지 파악할 수 있었습니다. 만약 엄마가 첫 번째 대화에서 ❷처럼, 그리고 두 번째 대화에서 ❷처럼 대답했다면 아이는 그 순간 입을 다물었을 것입니다.

이번에는 아이가 대화를 시작했을 때 아이의 느낌이 어땠을지, 그에 맞는 대답은 무엇인지 직접 적으며 연습해보세요. 대화 기술을 익히는 데는 연습이 최고입니다.

오빠한테 장난감을 빼앗긴 아이, 울면서 나에게 다가온다.

아이의 느낌 예: 서러움, 화남, 분노, 울분, 무너진 자존감, 슬픔

대답 예: 오빠한테 장난감을 뺏겨서 서럽구나.

"아빠가 일주일 용돈 만 원밖에 안 주면서 아껴 쓰라고 잔소리해."

아이의 느낌

대답

"학교 오케스트라 선생님은 맨날 연습 숙제를 많이 내줘요. 수행평가 숙제가 산더미인데! 오케스트라는 솔직히 취미잖아요."

아이의 느낌

대답

"할아버지가 위치 추적 앱으로 나를 감시하는 것 같아서 기분이 나빠."

아이의 느낌 _____

대답 _____

유치원 아이, "엄마, 애들이 나랑 잘 안 놀아줘! 짜증 나!"

아이의 느낌 _____

대답 _____

"엄마, 저 어제 학원에서 60점 받은 거요, 아빠한테 뭐라고 말해야 할지….."

아이의 느낌 _____

대답 _____

초등학교 5학년 아들이 오늘만 옆에서 재워달라고 한다.

아이의 느낌 _____

대답 _____

"할머니는 나만 보면 잔소리해요. 같이 밥 먹으러 가기 싫어요."

아이의 느낌 _____

대답 _____

★ 많은 분이 작성한 답은 부록 244~245쪽을 참고하세요.

평소 자신이 대답했던 것들과 적어놓은 대답을 비교해보면 생각보다 많이 다르다는 걸 발견할 수 있습니다. 대답에서 단순히 앵무새 화법으로 "그랬구나. 서러웠구나"라고 한 것이 90점이라면 말 속의 이유까지 읽어주며 "그랬구나. 오빠한테 장난감을 뺏겨서 서러웠구나"라고 한 경우 100점입니다.

MBTI에서 F 성향이 강한 사람은 반영적 경청법 대답이 잘 떠오릅니다. 대답은 공감 능력과 비례하기 때문입니다. 반면 T 성향이 강한 사람은 즉각 해결책을 내놓으려고 하지요. 이런 점은 부부나 친구 사이, 직장 상하 관계에서도 마찬가지입니다. 상대방이 나에게 해결책을 원해서 대화를 걸어왔을까요? 배우자에게, 친구에게, 직장 동료에게 반영적 경청법을 시작하면 상대방의 말문이 열립니다.

단, 자녀의 느낌을 읽어줄 때 "짜증 났구나" "화가 났구나" 하는 말은 가급적 덜 사용해보세요. 특히 '짜증'이라는 단어는 복합적 감정, 2차적 감정을 나타내기 때문에 아이의 느낌을 명확하게 짚어주지 못합니다. '짜증' 대신 '섭섭했구나, 민망했구나, 못마땅했구나, 억울했구나, 북받쳤구나, 위축됐구나' 등 1차적 감정 표현 어휘들을 다양하게 사용하시기 바랍니다.

그러면 자녀는 부모가 자신의 이야기를 명확히 이해했다고 느끼고, 자신의 감정을 다양하게 표현할 것입니다.

2교시 말미에 정리해놓은 '감정 표현 단어' 표(69~70쪽)를 활용해보세요. 더욱 다양한 감정을 주고받을 수 있을 것입니다.

자녀는 인생의 3분의 1 이상의 기간을 부모와 붙어 지냅니다. 특히 성격이 완성되는 초등학교 저학년 시절까지는 최대한 반영적 경청을 많이 사용해주세요. 부모에게 공감을 많이 받아본 자녀들이 남에게도 공감을 많이 해줍니다. 남에게 공감을 잘 해주는 아이는 사람들에게 사랑을 많이 받겠죠? 누구나 자신의 마음을 알아주는 사람을 좋아하기 마련이니까요. 자녀가 사랑받는 사람으로 성장하길 바란다면 지금 더 많이 공감해주면 됩니다.

2교시 마지막 사례로, 제게 교육받은 수강생의 이야기를 소개하겠습니다. 까칠하고 예민한 초6 딸이 주위에 친구가 하나도 없어 딸을 도와주려고 수업을 들었던 분입니다. 이 엄마가 수업 후 1년 만에 전화 연락을 주셨어요. 내용은 이러했습니다.

반영적 경청법 등 모든 기술을 아이에게 쏟아부은 지 1년, 아이와의 관계가 훨씬 부드러워졌습니다. 대화 양도 얼마나 늘었는지 몰라요. 까칠하던 아이는 조금씩 남을 배려하기 시작했고 이젠 아이 입에서 친구들 이름이 많이 나오네요. 중학교에 올라간 딸이 얼마 전 반에서 회장이 되었습니다. 어느 날 아이가 저한테 이렇게 말하는 거예요.
"엄마, 반 애들이 나한테 따뜻한 권력자래요."
순간 눈물이 날 정도로 기뻤습니다. 이 벅찬 감동과 함께 감사 인사를 선생님께 꼭 드리고 싶었습니다.

저는 이분에게 박수를 드렸습니다. 그동안 얼마나 끈기 있게 노력하셨을까요? 그 결과 자녀가 공감하는 사람으로 자랐고, 회장을 하면서 학급 친구들에게 사랑받고 있다는 것이 절로 느껴집니다.

2교시 '반영적 경청법 기초' 수업은 여기서 마무리하려 합니다. 앞으로 일주일간 하실 숙제는 자녀에게 '앵무새 화법 사용하기'입니다. 100번 대화할 때 100번 다 사용할 수는 없을 것입니다. 최대한 많이 사용해보세요.

처음에는 아이가 달라진 부모를 의심하며 "엄마, 왜 그래? 이상해!"라고 말할지도 모릅니다. 또는 기대했다가 상처받을까 두려워 '저러다 말겠지' 하고 기대를 사전 차단할 수도 있고요.

그래도 흔들림 없이 꾸준히 앵무새 화법을 구사해보세요. 일주일 만에 아이의 말문이 열리지 않는다고 다급해하지 마시고요. 부모의 사랑과 노력이 아이의 마음속으로 스며들고 있을 것입니다.

아이의 느낌을 떠올리고 앵무새 화법으로 말하려면 몇 초간의 시간이 필요해 대화가 부자연스럽다고 느낄 수도 있습니다. 괜찮습니다. 습관이 되기 시작하면 그 시간이 점점 줄어들 거니까요. 다음의 '감정 표현 단어' 표를 최대한 활용하시기 바랍니다.

또한 이어지는 '반영적 경청법을 사용한 나의 사례' 표를 작성하면서 내가 잘하고 있는지, 부족한 건 무엇이었는지를 일주일간 체크해보세요. 그러면서 자녀의 말문이 더 열리기를 바랍니다.

감정 표현 단어-긍정적

구분	쾌적함 **높음**				
활력 (에너지) 높음	놀란 들뜬 기운이 넘치는 만족스러운 (pleased) 유쾌한	긍정적인 쾌활한 활발한 집중하는 기쁜	흥겨운 동기 부여된 흥분한 행복한 희망찬	아주 신나는 영감을 받은 낙관적인 자랑스러운 재미있는	황홀한 의기양양한 열광하는 짜릿한 아주 행복한
활력 낮음	속 편한 평온한 여유로운 한가로운 나른한	태평한 안전한 차분한 생각에 잠긴 흐뭇한	자족하는 (content) 만족스러운 (satisfied) 편안한 평화로운 고요한	다정한 감사하는 축복받은 편한 안락한	충만한 감동적인 안정적인 걱정 없는 안온한

출처: 『감정의 발견』, 마크 브래킷, 임지연 옮김, 북라이프

감정 표현 단어-부정적

구분	쾌적함 낮음				
활력 (에너지) 높음	격분한 격노한 화가 난 불안한 불쾌한	공황에 빠진 몹시 화가 난 겁먹은 우려하는 골치 아픈	스트레스 받는 좌절한 화난 근심하는 염려하는	초조한 신경 곤두선 초조한 짜증 나는 마음 불편한	충격받은 망연자실한 안절부절못 하는 거슬리는 언짢은
활력 낮음	역겨운 비관적인 소외된 의기소침한 절망한	침울한 시무룩한 비참한 우울한 가망 없는	실망스러운 낙담한 쓸쓸한 뚱한 고독한	의욕 없는 슬픈 기죽은 기진맥진한 소모된	냉담한 지루한 피곤한 지친 진이 빠진

출처: 『감정의 발견』, 마크 브래킷, 임지연 옮김, 북라이프

반영적 경청법을 사용한 나의 사례

번호	구분	내용
1	자녀와의 문제	
1	반영적 경청법 사용 내용	
2	자녀와의 문제	
2	반영적 경청법 사용 내용	
3	자녀와의 문제	
3	반영적 경청법 사용 내용	

3교시

반영적 경청법 심화

3교시 1

일주일간 어떠셨어요?

반영적 경청법의 실제 사례

일주일간 자녀와 대화하면서 소극적 경청법, 앵무새 화법, 반영적 경청법을 적용해보니 어떠셨나요? 아직 낯설고 숙달되지 않아 매우 힘드셨으리라 짐작합니다. 다른 분들은 어떠셨을까요? 3주 차에 들어서면서 부모님들이 가장 많이 하는 얘기는 '내가 하고 싶은 말을 절제하는 것이 가장 힘들다'입니다. 또한 아이가 소유한 문제인데 자꾸 내가 소유하게 되어 걸림돌을 참기가 너무 힘들었다는 하소연도 많이 나옵니다.

자, 이제부터 소극적 경청법, 앵무새 화법, 반영적 경청법을 배운 수강생들이 일주일간 경험한 이야기를 들어봅시다. 사례를 살펴보면서 자신의 상황과 비교해보시기 바랍니다.

소풍 가기 싫은 진짜 이유

6살 딸 규현이, 다음 주에 유치원에서 동물원으로 소풍을 갈 예정인데 가기 싫다고 떼를 씁니다. 내일까지 참가 여부를 결정해야 하는 상황. 엄마인 저는 아이가 단체 야외 활동을 통해 새로운 경험을 하길 바라는 마음입니다.

엄마 규현아, 친구들이랑 소풍 정말 안 갈 거야?
규현 가기 싫어! 안 가!
엄마 정말 가기 싫구나.
규현 왜 하필 동물원을 가는 거야! 짜증 나!
엄마 규현이가 동물원에 가는 게 싫구나.
규현 선생님이 마음대로 정하는 게 어딨어! 동물원이 뭐가 재밌다고!
엄마 그랬구나. 우리 규현이는 선생님들이 소풍 가는 곳을 동물원으로 정한 게 속상하고 싫었구나.
규현 맞아! 우리 의견도 안 물어보고 그냥 이번 소풍을 동물원으로 정해버렸어.
엄마 너희에게 의견을 묻지도 않고 결정해서 못마땅했구나?
규현 그것도 그렇지만… 사실 난 동물이 무서워! 하마가 입 크게 벌리는 것도 무섭고, 호랑이가 코앞에 와서 고기를 먹는다는데 그것도 너무 끔찍해! 애들 앞에서 무서워하는 모습 보여주기 싫단 말이야!

엄마 그랬구나. 네가 친구들에게 겁쟁이로 보일까 봐 동물원에 가는 게 싫었구나.

규현 네…. 맞아요…. 그거였어요….

엄마는 반영적 경청법을 통해 마침내 규현이의 속마음을 알게 되었습니다. 다음 날 유치원 선생님과 규현이는 약속했다고 합니다. '동물원만 가는 게 아니라 식물원도 갈 거고 특히 동물원에서는 아무도 눈치 채지 못하게 규현이를 지켜주겠다'라고 말이죠.

씻기 싫어하는 아이

축구를 좋아하는 초3 아들, 땀을 뻘뻘 흘리며 집에 들어오는데도 매번 씻지 않으려 합니다. 축구를 하게 해주는 대신 집에 오자마자 씻기로 약속했지만, 들어올 때마다 저와 다투네요.

엄마 연석아, 축구 잘했어? 재밌었어? 씻어야지.
연석 싫어!
엄마 너 아토피도 있고, 얼굴도 빨개졌어.
연석 아, 싫다고.
엄마 그럼 핸드폰 5분만 더 보고 씻자?

연석 아, 쫌!

엄마 야! 너 엄마가 영어 수업 줄이고 축구하게 해줬는데! 씻는 약속 이렇게 안 지킬 거야? 이럴 거면 앞으로 축구교실 가지 마!

예전 같으면 이렇게 걸림돌 폭탄 쓰고 더 싸웠을 텐데요, 씻지 않는 문제는 제가 소유한 문제임을 깨닫고, 우선 반영적 경청법을 시도해보기로 했습니다.

엄마 연석아, 축구 잘했어? 재밌었어?

연석 응. (바로 핸드폰을 본다.)

엄마 이 음료수 마셔. 시원하게 해놨어.

연석 응.

엄마 ……. (아이를 사랑스럽게 쳐다보며 침묵)

엄마 연석아, 이따 영어학원 가야 하니까 슬슬 움직이면 어때?

연석 응.

엄마 (얼마 후, 아이의 등을 쓸어주며) 축구하고 오면 너무 힘들어서 씻는 게 참 귀찮지?

연석 어, 엄마. 힘들어 죽겠어.

엄마 그랬구나. 우리 아들 열심히 공 차러 뛰어다니느라 너무 힘들었겠다.

제가 씻으라는 잔소리를 하지 않고 있으니 잠시 후 아이가 혼잣말을 크게 합니다.

연석 아. 이제 씻으러 가야겠다.

이 수업을 듣는 저의 목표는 '대화가 많은 가정'이었거든요? '내가 항상 마음과 말이 급했구나' 하는 깨달음을 얻고 소극적 경청, 반영적 경청법 대화를 마치 탁구 치듯이 랠리 세 번, 다섯 번으로 늘려보았더니 일주일 만에 아들과 하는 대화가 많아졌습니다.

점점 삐딱해지는 초1 아들

중2 딸과 터울이 큰 초1 아들을 둔 엄마입니다. 엄마 말 잘 듣는 딸과 달리 아들 시우는 점점 고집이 세지더니 무슨 말만 하면 눈을 치켜뜨고 소리를 지르곤 했습니다.
지난 명절날 친척들과 모인 자리에서 시우가 사촌누나의 핸드폰 액정을 깨뜨렸어요. 집에 오자마자 회초리를 들며 엄하게 혼을 냈더니, 글쎄 이런 말을 하는 게 아니겠어요?
"엄마가 집을 나가서 교통사고로 죽어버렸으면 좋겠어!"
저는 엉엉 소리를 내며 울었고 도대체 어디서부터 잘못된 걸까 싶었습니다. 도저히 이렇게 지낼 수는 없다는 생각에 정신이 번쩍 들었어요. 그 후 각종 육아법을 찾아 공부하고 반영적 경청법 수강을 하며 정말 열심히 아이와 소통하려 노력했습니다.

그러던 어느 날, 시우와 함께 마트에 갔습니다. 시우는 마음에 드는 장난감을 발견했고 저는 계획된 지출이 아니니 사줄 수 없다고 교육했지요. 그러자 시우는 자기가 갖고 싶은 걸 왜 안 사주냐며 소리를 질렀고 발을 구르며 고집을 부렸습니다. 결국 등짝 스매싱으로 사건은 마무리되었고 서로의 감정만 상한 채 집으로 왔습니다.

저녁을 먹은 뒤 평소의 저였다면 "아까는 왜 또 고집을 부렸어? 너는 모든 게 네 마음대로지!" 하며 혼을 냈을 거예요. 하지만 이날은 침착하게 아이 손을 붙잡고 대화를 시작했습니다.

엄마 아까 마트에서 그 장난감, 시우가 정말 마음에 들었나 봐. 그치?

시우 맞아! 왜 못 사게 했어!

엄마 그 장난감이 그렇게 갖고 싶었어?

시우 응. 그 자동차는 무선 조종도 되고 불도 나오고….

엄마 그랬구나. 그렇게 갖고 싶었구나. 우리 시우, 갖고 싶은 마음 참느라 고생했어. 대견해.

이렇게 몇 번 마음을 읽어주었더니 시우가 제 품에 안겨 울음을 터뜨렸습니다. 늘 혼내기만 하던 엄마가 자기 마음을 알아주어서 그랬나 봅니다.

그러고는 반영적 경청으로 한참 동안 들어주었습니다. 며칠 후 시우는 다음 달 크리스마스까지 열심히 용돈을 모아서 그 장난감을 사겠다고 저에게 말했고 저는 그것 참 좋은 방법이라고 칭찬을 해주었습니다. 그랬더니 "엄마, 엄마는 내 마음을 잘 알아줘서 참 좋아"라고 하더라고요.

그날 밤, 퇴근한 남편에게 시우와 있었던 일을 설명하며 "요즘 우리 시우가 참 많이 변했어"라고 했더니, 옆에서 지켜보던 중2 딸이 이렇게 말하네요.

"엄마, 내 동생은 변하지 않았어요. 그전이랑 똑같아. 엄마가 변했죠."

침묵했더니 아이가 달라졌어요

저는 아직 제가 미숙한 상태여서 그런지, 문제의 소유 가리기, 소극적 경청법, 앵무새 화법, 반영적 경청법 등을 시도하기가 힘들었습니다. 그래서 그저 입 다물고 침묵하기를 택하게 되었지요.

그랬더니 어느새 아이가 말문을 열기 시작해, 집안에서 아이가 말하는 일이 늘어났습니다. 걸림돌 참기만 시도했는데도 변화가 있었던 거죠.

배운 내용을 의식하며 아이와 대화해보니 저는 충고, 해결 방법 제시의 걸림돌을 가장 많이 사용하고 있더군요. 아이가 저한테 "엄마, 나 어떻게 해야 해?"라는 질문을 많이 했던 것도 떠올랐습니다.

지난주 어느 날, 아이가 이렇게 물었습니다.

"엄마, 영어학원 샘이 각자 일주일에 암기할 단어를 100개로 할지, 200개 또는 300개로 할지 정해서 오라던데요?"

"그래? 그걸 엄마랑 상의하고 싶었구나."

이어서 저는 "그런데 너는 어떻게 했으면 좋겠어?" 하고 물었고 아이가 혼자 고민해보겠다 하더라고요. 결국 아이가 선생님과 상의해서 결정한 것 같습니다.

예전 같았으면 제가 이랬을 겁니다. "일주일에 주말 쉬고 5일, 하루 30개씩 5일이니까 5일×30개=150개는 어때?" 이렇게 다 정해줬을 테지요. 아이가 혼자 생각하고 결정하는 방법을 배운 것 같아 뿌듯했습니다.

반영적 경청법을 성인에게 적용한 경우

제 고등학교 동창 중 아주 친하지는 않은 친구가 있는데요, 얼마 전 이 친구가 전화를 해서 대화하며 반영적 경청법을 써보았습니다. 원래 저는 T 성향이 높아서 그런지 공감 능력이 부족한 편이에요. 그래도 2주간 배운 내용을 떠올려 인정하기와 반영적 경청법을 몇 번 사용해보았지요. 그랬더니 친구가 본인이 최근 겪은 억울한 일을 한 시간 동안 털어놓더군요.

그러고는 공감해줘서 고맙다고 하네요. 게다가 다음 날 점심 때도 제 회사로 찾아와 또 수다를 떨고 가더라고요. 친구는 결국 본인이 처한 문제의 해결책을 찾았지요. 저는 가만히 들어주었을 뿐입니다.

다른 분들의 사례가 어떠셨는지요? 도움이 되었기를 바랍니다. 이렇게 지난 일주일 동안 반영적 경청법을 통해 아이의 감정을 읽어주는 시간을 가져보았습니다. 이번 주에는 조금 더 고급 기술, 말하자면 '반영적 경청법 심화'를 진행하겠습니다.

3교시 2

완전한 문장으로 구사하려면

3가지 법칙으로 반복 훈련하기

반영적 경청법을 시작하려면 부모와 자녀 사이에 몇 가지 조건이 성립되어야 합니다. 먼저 자녀의 조건입니다. 일단 자녀는 문제를 갖고 있어야 하고, 나한테 신호cues를 줘야 하며, 나한테 말하고 싶어야 want to talk 합니다. 이때 신호는 언어여도 좋고 표정, 행동이어도 상관없습니다.

다음은 부모의 조건입니다. 첫째, 부모는 수용하려는 마음, 자녀를 도우려는 마음을 지닌 상태여야 합니다. 자녀를 손아귀에 넣고 조종하려는 의도가 마음에 자리하고 있으면 자녀는 금방 알아차립니다. 둘째, 자녀가 잘 해결할 수 있다고 믿어야 합니다. 아이에게 선택권을 주면 아이가 스스로 결정하고 잘 해결해나갈 수 있다는 믿음이 필요합니다.

셋째, 자녀와 부모 자신이 서로 분리된 각각의 개체라는 것을 인정해야 합니다. 유교 윤리를 익히고 자란 우리나라 엄마들은 '탯줄 생색'을 많이 내는 것이 사실입니다. 탯줄을 자르는 순간부터 분리가 되는 건데도, 자녀와 분리가 잘 되지 않으니 '자녀를 하나의 인격체로 인식'하기가 어렵습니다. 그래서 자주 아이 소유의 문제를 나의 문제로 가져와 걸림돌을 사용하게 되는 것입니다.

끝으로 넷째, 부모는 자녀의 이야기를 들어줄 심적 여유, 시간적 여유가 있어야 합니다. 부모가 힘들고 지쳐 있거나 마음에 여유가 없어 본인의 삶 하나 챙기기도 버거울 때는 반영적 경청법을 사용하기가 아주 어렵습니다. 지속적으로 사용하기도 힘들고요. 본인의 시간과 마음에 충분한 여유가 있을 때 시작하시는 것이 좋습니다.

그러면 이제부터 반영적 경청법 심화 연습을 해봅시다. 지난 일주일간 사용했던 반영적 경청법에서 한걸음 더 나아가 완전한 문장을 만들어보겠습니다. 다음 문장을 보세요.

"네가 오늘 학교에서 ○○ 한 일 때문에" ❶이유
"부끄럽기도 하고 한편으로 섭섭하기도 해서" ❷자녀의 감정
"엄마도 안타깝고 슬퍼." ❸나의 위로

반영적 경청법 심화 기술은 앞에서 본 단순한 감정 공감 대화법인

'구나 구나' 즉 "슬펐구나" "화가 났구나" 등에서 나아가 완전한 문장으로 소통하는 대화 기술입니다.

우선 자녀가 겪은 문제의 원인이 무엇인지 한번 상기시켜주고(❶이유), 이 문제로 생겨난 자녀의 감정을 한번 공감해주며(❷자녀의 감정), 끝으로 이 문제와 아이의 감정에 대해 부모로서 건네는 위로(❸나의 위로)로 마무리하면 됩니다. 처음에는 어렵지만 직접 글로 써보며 연습하다 보면 점점 속도가 붙고 쉬워질 것입니다. 다음 사례를 통해 익혀볼까요?

중2 딸, 학교에서 무슨 일이 있었는지 집에 들어서자마자 펑펑 운다.

딸 엄마! 내가 오늘 미술 시간에 물감이랑 크레파스를 섞어서 그렸거든? 그런데 미술 샘이 나보고 성의가 없다고 제출을 받아주지도 않았어!

엄마 그런 일이 있었어? 물감이랑 크레파스를 섞어서 그렸다고 안 받아주셨구나.

딸 샘 진짜 별로야! 크레파스는 성의가 없대요! 이게 말이 돼?

엄마 너 참 억울하고 화가 났겠다. 듣는 엄마도 이렇게 화가 나는데 넌 얼마나 당황스러웠을까?

딸 애들 앞에서 완전… 얼굴 빨개지고 정말 짜증 났어.

엄마 이런…. 모욕감도 느끼고 수치스러웠겠다.
그러게. 그 선생님은 참 별로다. (×, 함께 비판하지 말 것.)

딸 샘한테 확 들이받았어야 했는데 아무 말도 못했어….

엄마 그때 아무 말도 못한 게 후회되는구나?

딸 응… 진짜 화가 나.

엄마 선생님이 네 노력을 몰라줘서, 인정 못 받은 것 같은 기분이 들고 억울하고 속상했겠다.

딸 내 말이…. 하도 속상해서 급식도 거의 안 먹었어.

엄마 우리 딸 얼마나 화가 났으면 급식도 안 먹었을까. 너무 화가 났었구나. 엄마도 마음이 안 좋네.

딸 아까는 정말 부끄러웠어. 그런데 예슬이랑 지안이가 쉬는 시간에 와서 같이 샘 흉보면서 나 위로해줬어.

엄마 그랬어? 친구들이 네 노력을 인정해주고 너를 위로해줘서 마음이 좀 풀렸어?

딸 응, 조금 나아졌어.

엄마 다행이네. 고마운 친구들이다. 근데 우리 딸 배고프지는 않아?

딸 이제 좀 배고프다. 엄마, 뭐 먹을 거 없어?

엄마는 딸이 감정을 스스로 해결할 때까지 몇 번이고 반영적 경청법을 해주었고 결국 딸은 감정이 풀어져 일상의 감정 상태로 돌아왔습니다.

이 사례에서 핵심 문장은 다음과 같습니다.

"선생님이 네 노력을 몰라줘서" ❶ 이유
"인정 못 받은 것 같은 기분이 들고 억울하고 속상했겠다."
❷ 자녀의 감정
"엄마도 마음이 안 좋네." ❸ 나의 위로

초4 아들이 씩씩거리며 집에 들어온다. 가방을 집어 던지는 아이, 물을 벌컥벌컥 마시더니 컵을 탁! 하고 내려놓는다.

엄마 서준이가 화가 많이 났구나.
서준 엄마, 우리 반 김숙열 알지?
엄마 응, 알지.
서준 오늘 수업 시간에 선생님이 "얼굴 못생긴 사람은 삶이 피곤하다"라고 말했거든. 그러니까 숙열이가 뭐랬는지 알아?
엄마 뭐라고 그랬는데?
서준 "아~ 그래서 서준이가 항상 피곤하다고 했었구나." 이러는 거야. 반 애들이 다 웃었어. 심지어 선생님도 웃었단 말이야!

엄마 그랬구나. 부끄럽고 당황스러워서 화가 났겠구나.

서준 어! 맞아! 걔 내일 학교 가서 가만 안 둘 거야! 복수할 거야!

엄마 화가 많이 나서 풀리지 않나 보구나.

　　　복수하는 게 꼭 좋은 것만은 아니야. (x)

　　　네 말을 듣고 생각해보니 엄마도 화가 나네. 뭐 그런 애가 다 있냐. (x)

서준 응, 가만두지 않을 거야! 두고 봐.

엄마 수업 시간에 갑자기 숙열이가 너를 놀려서 부끄럽고 당황스럽고 화도 났겠네. 어른인 엄마도 그런 일을 겪으면 참기 힘들었을 거야.

서준 아, 그러니까…. 숙열이 그 자식 나랑 친한데 왜 갑자기 그런 말을 했나 몰라.

엄마 그러게. 우리 서준이가 많이 섭섭했겠다.

서준 엄마, 내가 못생긴 편은 아니잖아?

엄마 너는 네가 못생겼다고 생각하지 않는데 애들이 못생겼다고 놀린 것 같아서 억울했구나. 엄마 생각에도 서준이는 못생긴 편이 아닌데.

서준 아! 그러니까! 암튼 오늘 숙열이가 훅 들어왔는데 아무 말도 못한 것도 짜증 났어.

엄마 그때 아무 말도 못한 것도 짜증 났구나? 근데 너 어렸을 때 길거리 캐스팅도 받아봤잖아. 기억나?
서준 그거야, 그 아저씨가 연기학원 다니게 하려고 그런 거잖아.
엄마 그런가? 엄마는 그렇게 생각 안 하는데?
서준 에이, 엄마 눈에는 내가 새끼 고슴도치니까 그러지.

이 사례에서 엄마가 아이에게 사용한 반영적 경청법 핵심 문장은 다음과 같습니다.

"수업 시간에 갑자기 숙열이가 너를 놀려서" ❶ **이유**
"부끄럽고 당황스럽고 화도 났겠네." ❷ **자녀의 감정**
"엄마도 그런 일을 겪으면 참기 힘들었을 거야." ❸ **나의 위로**

만약 이렇게 반영적 경청을 했는데도 자녀의 감정 상태가 나아지지 않을 경우엔 어떻게 해야 할까요? 가령 앞의 이야기에서 미술 시간에 상처받은 딸이 계속 선생님에게 분노하고 있다면, 또 서준이는 자기를 놀렸던 친구에게 계속 복수하겠다고 씩씩거린다면 어떻게 해야 할까요?

반영적 경청법을 사용할 때 효과가 적은 경우는 이렇습니다. 첫째, 부모에게 자녀를 변화시키려는 숨은 의도가 있을 경우, 둘째, 부모가 전문가적 태도로 마치 의사가 환자에게 하듯 자녀를 대할 경우, 셋째,

자녀는 정보를 원하는데 부모는 계속 감정만 읽어주는 경우입니다.

반영적 경청의 필수 3요소는 진실, 공감, 수용입니다. 쉽게 말해 진실한 마음으로 공감해주고 그 마음을 받아주는 자세가 필요합니다. 자녀가 부모의 진정한 노력을 느껴 차츰 마음이 풀린다면 변화가 시작될 것입니다. 그리고 앞으로 배울 나-전달법, 환경 재구성, 제3의 방법 등을 익힌 후에는 더욱 수월하게 대화를 나눌 수 있을 것입니다.

진실, 공감, 수용이라는 필수 3요소가 부족하면 자녀가 계속 문제를 소유하는 경우가 종종 발생합니다. 하지만 그런 경우라 할지라도 전혀 효과가 없는 것은 아닙니다. 분명 자녀의 분노 지수는 조금 낮아졌을 것이며 이 또한 효과입니다. 분노 지수가 낮아졌다는 것은 반영적 경청을 통해 감정의 홍수 상태를 조절했다는 의미입니다. 심리학자 존 가트먼 John Gottman이 제시한 다음 그림을 봅시다.

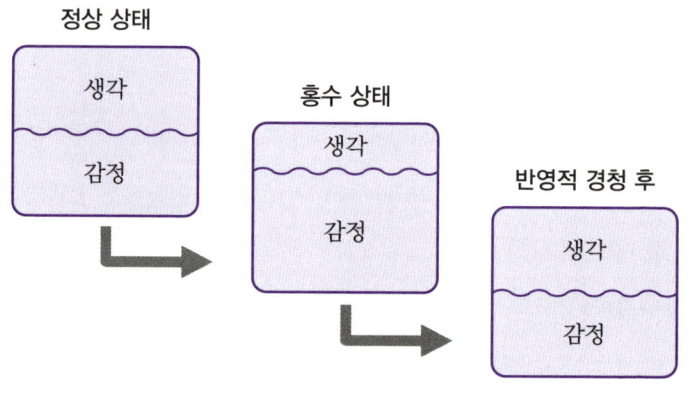

감정의 홍수 상태 이론

이 그림과 같이 정상(평정) 상태에서 감정과 생각은 한 그릇에 반반씩 담겨 있습니다. 그러다 감정이 격해져 점점 커지면 생각은 줄어들며 이 상태를 감정의 홍수 상태라고 합니다. 그 뒤로 반영적 경청을 통해 감정을 추슬러 다시 감정과 생각의 비중이 같아지면 평정을 찾게 됩니다.

감정의 홍수 상태가 지속되면 소리를 지르거나 상대와 자주 다투게 되고 더 심해지면 폭력, 자해, 가출 등의 행동까지 보입니다. 흥분한 자녀가 홍수 상태에 빠져 있을 때 부모는 최대한 빨리 그곳에서 꺼내주시기 바랍니다. 그래서 자녀가 감정의 평정을 찾도록, 그리고 평정 상태에 최대한 오래 머무를 수 있게 도와주세요.

다음 사례를 볼까요.

6살 민서는 외동딸이다. 민서는 엄마와 아빠 둘이서 얘기 나누는 모습을 보면 매번 서운해한다. 그래서 부모의 대화에 자꾸 끼어들어 훼방을 놓는다. 그러는 민서에게 부모가 "어른들끼리 해야 할 얘기가 있어! 기다려!"라고 하면 민서는 금세 삐져서 가방을 던지고 소리를 지르다 울음을 터뜨리곤 한다. 민서에게 엄마가 반영적 경청법을 사용해보았다.

엄마 민서야. 우리 민서가 이번에 속상했어?
민서 엉엉….

엄마 속상했구나. 얼마큼 속상했어? 많이 속상했어?

민서 어!

엄마 그랬구나. 엄마 아빠가 얘기할 때 민서를 끼워주지 않는 것 같아 외롭고 서러웠구나.

민서 왜 그랬어. 나만 혼자였잖아.

엄마 그랬구나. 서운했겠다.

민서 응, 쪼끔.

엄마 민서는 민서만 빼고 엄마 아빠가 이야기를 하면 외롭고 서운한 감정이 들어서 두렵고 싫구나.

민서 응, 엄마 아빠 둘이서만 얘기할 때 혼자 된 느낌이 들어.

엄마 엄마가 오늘 꼭 아빠랑 상의해야 하는 일이 있었어. 미리 말했어야 하는데 엄마가 미안해.

민서 응, 알았어.

이 사례의 반영적 경청법 핵심 문장은 무엇일까요? 다음과 같이 정리할 수 있습니다.

"엄마 아빠가 얘기할 때 민서를 끼워주지 않는 것 같아" ❶이유
"외롭고 서운한 감정이 들어서 두렵고 싫구나." ❷자녀의 감정
"미리 말했어야 하는데 엄마가 미안해." ❸나의 위로

결국 민서는 감정을 추슬러 평온을 되찾았고 던진 가방을 주우며 "엄마, 나도 미안해"라고 말했습니다. 이번 일주일은 자녀의 감정을 충분히 읽어주는 것까지만 해주세요. 감정을 읽어주기만 해도 자녀는 한결 편안해할 것입니다.

초등학교에 입학한 8살 서형이는 학교에서 돌아오면 수다쟁이가 된다. 다만 친구들 흉을 많이 본다. 엄마는 어떻게 대응했을까?

서형 엄마, 오늘 무슨 일이 있었는 줄 알아?
엄마 우리 딸, 오늘 학교에서 무슨 일이 있었는지 엄마한테 막 얘기해주고 싶구나? 엄마도 궁금해.
서형 준수는 맨날 돌아다니면서 밥 먹어! 그래서 오늘 선생님께 혼났어.
엄마 그랬구나. 준수는 돌아다니면서 밥을 먹는구나.
서형 그리고 유빈이는 떠들어서 오늘 선생님께 꾸중 들었어.
엄마 유빈이가 떠들어서 선생님께 꾸중을 들었구나.
서형 응. 근데 엄마, 우리 반에 수연이라는 애가 있는데 걔는 맨날 머리핀이 바뀐다? 꾸미는 걸 되게 좋아하나 봐. 애들이 수연이 예쁘다는데 난 잘 모르겠어….
엄마 그랬구나. 수연이는 머리핀이 자주 바뀌고 애들이 그런 수연이한테 예쁘다고 말하는 게 신경 쓰이는구나?

서형 나도 머리핀 하면 더 예쁠 텐데….

엄마 맞아. 우리 서형이도 머리핀 하면 얼마나 예쁜데?

엄마는 몇 번의 대화를 통해 비로소 서형이가 무엇을 말하고 싶었는지 깨달았다.

엄마 서형이는 밥 먹을 때 제자리에 앉아서 먹고, 수업 시간에 떠들고 싶어도 꾹 참으면서 규칙을 잘 지키고 있구나? 아직 1학년이라 규칙 지키는 게 힘들겠다. 그치? 그 어려운 걸 잘 해내고 있네?

 적극적인 반영적 경청법으로 자녀의 말을 계속 끌어낸 엄마에게 박수를 보냅니다. 이 사례의 핵심 문장은 무엇일까요?

"서형이는 수업 시간에 떠들고 싶어도 꾹 참으면서 규칙을 잘 지키고 있구나?" **❶이유**
"규칙 지키는 게 힘들겠다. 그치?" **❷자녀의 감정**
"그 어려운 걸 잘 해내고 있네?" **❸나의 위로**

 그러면 서형이는 친구 수연이의 머리핀 얘기는 왜 했을까요? 대화를 보면, 스무 명 남짓 모인 반에서 친구들이 수연이한테 예쁘다고 했답니다. 집에서 사랑 듬뿍 받던 서형이가 반에서는 큰 관심을 받지 못하니 자기도 예뻐 보이고 싶었나 보죠.

　이럴 땐 머리핀 하나를 사주면서 아이 마음을 조금 더 읽어주세요. 그러면 아이는 엄마가 자기 마음을 알아준 것 같아 더 수다쟁이가 될 것입니다.

3교시 3

단기간 효과가 좋은 부모의 비결

자주 하는 실수들 & 잘 안 되는 이유

학습에서는 반복만큼 효과적인 게 없죠? 지금까지 배운 것을 정리해보겠습니다. 1교시에 문제의 소유 가리기, 걸림돌 사용 자제를 배웠고 2교시에는 소극적 경청법, 앵무새 화법, 반영적 경청법을 배웠습니다. 그리고 이번 3교시에는 '반영적 경청법 심화편'으로 ❶이유 ❷자녀의 감정 ❸나의 위로로 구성된 완전한 문장 만들기를 배우고 있습니다.

이번에는 자녀와 대화할 때 흔히 하는 실수를 소개하겠습니다. 실수하는 걸 절대 두려워하지 마세요. 숙련되기 전까지 실수는 당연합니다. 특히 다음 5가지 실수가 가장 자주 일어나지요.

1. 과장해서 추측하기 overshooting

자녀의 이야기를 듣고 "진짜 그랬어? 거의 죽고 싶어질 정도로 힘들었겠는데!" 하는 식으로 자녀의 감정을 부풀려 해석하는 실수

딸   학교 다녀왔습니다.

엄마 우리 딸, 잘 다녀왔어? 학교에서 별일 없었어?

딸   응, 별로. 근데 급식 시간에 민영이가 새치기해서 내가 하지 말라고 했거든? 근데 '네가 무슨 상관이냐'고 하는 거 있지.

엄마 아니, 뭐? 무슨 그런 애가 다 있어? 너 엄청 부끄럽고 당황스러웠겠다! 엄마가 선생님한테 말해줄까!

딸   아니…. 그 정도는 아니야….

반영적 경청을 갓 배운 부모가 의욕이 넘친 나머지 자녀의 말에 과하게 반응하면 자녀는 오히려 입을 닫게 됩니다. 괜히 말했다가 일이 커질까 봐 무서우니까요. 그냥 부드럽게 자녀의 말을 읽어주세요.

2. 서둘러 넘겨짚기 rushing

자녀가 이제 막 운을 뗐는데 부모가 서둘러 넘겨짚으며 자녀의 의도를 부정적으로 왜곡하는 경우

아이 아빠, 나 오늘 교회 10시 말고 오후 5시 예배 가면 안 돼?

아빠 너 그러다 안 가려고 머리 굴리는 거지?

아이 아니야. 오전에 뭐 끝내야 하는 게 있어서 그래….

의심을 받은 자녀는 더 이상 부모와 얘기하고 싶지 않게 됩니다. 성인인 경우에도 의심을 받으면 마찬가지겠죠? 그런데 이 사례가 아빠의 탓만은 아닙니다. 그동안 아이도 아빠에게 의심받을 행동을 했을 테니까요. 하지만 앞으로는 자녀를 조금 더 믿어주시길 부탁드립니다. 부모와 소통이 잘 되기 시작하면 자녀는 본인이 원하는 것(예: '오늘 교회 가기 싫어')을 감추지 않고 말할 것입니다. 이제는 원하는 걸 말해도 부모랑 갈등이 생기지 않는단 걸 아니까요.

3. 분석하기|analyzing

자녀가 말 한마디를 했을 뿐인데 그렇게 말하거나 행동하는 이유를 부모가 성급히 분석해서 쏟아붓는 경우

아이 엄마, 저 오늘은 배가 안 고파요. 간식 안 먹고 싶어요.

엄마 왜? 고기가 없어서? 너 집에 오다가 편의점에서 뭐 사 먹었구나. 친구가 사 먹자고 그랬어?

아이 (고2 아들, 피곤한 얼굴로) 학교 다녀왔습니다.

엄마 잘 다녀왔어?

아이 학교 다니기 정말 힘들어 죽겠어요.

엄마 그래, 힘들지? 왜냐하면 요즘 네가 수행평가가 많아서 잠을 별로 못 자고 계속 공부해서 그래.

자녀가 본격적으로 말을 하기도 전에 반영적 경청을 해준답시고 자녀가 어떤 행동을 한 이유를 급하게 찾아 "이래서 그랬어? 저래서 그랬어?" 하지 않으셔도 됩니다. 미리 여러 상황을 가정하고 분석해서 대응해줄 필요가 없습니다. 설령 원인 분석이 올바르게 되었더라도 자녀 입장에서는 다른 사람에 의해 밝혀졌기 때문에 방어적인 자세로 전환되기 때문입니다. 반영적 경청은 상대방이 말할 때까지 기다려주는 것입니다.

4. 빠뜨리고 말하기 omitting

상대방은 정보나 해결을 원하는데 감정만 읽어주는 것과 같이, 상대가 원하는 것을 빠뜨리고 다른 부분을 읽어주는 경우

학생 선생님, 저 다른 모둠으로 옮겨주세요. 지금 모둠 애들이 자기네들끼리 속닥거리며 저를 따돌리려고 해요.

선생님 그랬구나. 너는 잘 해보려고 했는데 마음대로 되지 않아 답답했구나.

학생 그게 아니고… 다른 모둠으로 옮기고 싶다고요.

최선을 다해 반영적 경청을 하는 자세는 좋지만 상대가 명확한 요청을 하거나 해결을 원할 때는 감정만 읽어주기보다 그 문제를 함께 풀어나가는 것이 좋습니다. 상대가 원하는 핵심을 파악해보세요.

5. 흉내만 내기 copying
상대의 말에 진정성을 갖고 공감하기보다 말을 그대로 따라 하며 흉내만 내는 경우

나 나 요즘 남친이랑 깨질 것 같아 마음이 좀 불안해.
친구 너 요즘 남친이랑 깨질 것 같아 마음이 불안하구나?
나 응, 원인을 잘 모르겠어.
친구 아…. 원인을 잘 모르겠구나.
나 내가 먼저 연락을 해야 될지 고민이야.
친구 연락을 해야 될지 말아야 될지 고민이구나.
나 너 뭐냐? 내 얘기 듣고는 있는 거냐? 지금 나 놀려?

대화를 하다 보면 상대방이 내 말에 진심으로 공감을 하고 있는지 아닌지는 금방 알아챌 수 있습니다. 장난치는 것 같아 자존심이 상하는 경우가 있죠. 앵무새 화법에서 진실성이 빠지면 '흉내만 내

기'와 같은 실수가 발생합니다. 반영적 경청의 필수 3요소는 진실, 공감, 수용이라고 했지요? 항상 이 3요소를 염두하시기 바랍니다.

지금까지 반영적 경청법을 사용하면서 자주 하는 실수를 알아보았습니다. 그러나 실수를 해도 괜찮습니다. 마음을 다시 읽어주면 되고요. 틀리면 또 읽어주면 됩니다. 자녀의 감정을 잘못 파악할 수 있지만 포기하지 않고 계속 훈련하는 겁니다. 부모의 노력을 느낀 자녀는 자기도 부모를 이해하려고 노력할 것입니다.

자녀가 "엄마, 요즘 왜 그래?"라고 하면 의기소침하지 마시고 오히려 '나의 노력을 아이가 드디어 발견하기 시작했구나' 하며 기뻐하시면 됩니다. 그리고 솔직하게 마음을 얘기해보세요. 이런 식으로요. "엄마가 너랑 잘 지내고 싶어서 요즘 자녀와 예쁘게 대화하는 방법을 공부하고 있거든. 좀 어색하지? 엄마도 참 쉽지가 않네." 이 말에 설령 자녀가 "치, 그런 방법이 어딨어" 하고 핀잔을 주고 자기 방으로 들어가더라도 섭섭해할 필요 없습니다. 방에 들어간 아이의 마음에는 이미 고마운 마음이 자리했을 테니까요.

학교에서 쪽지 시험을 본 초5 아들 서진이가 집에 들어온다.

서진 (힘없는 말투로) 나 왔어.
엄마 아들 왔어? 오늘 쪽지 시험 잘 봤어?
서진 ….

엄마 몇 개 틀렸어?

서진 잘 모르겠어요.

엄마 모르다니? 잘 못 봤구나?

서진 ….

엄마 몇 개나 틀렸는데?

서진 다섯 개요.

엄마 다른 애들은? 너 창피하지도 않아? 엄마는 학원비 대느라 허리가 휘는데! 도대체!

서진 ….

엄마 너 이런 식으로 하다가는 인서울 대학 가기는 글렀다. 제발 누나 반만 닮아라! 으이구, 정말….

서진이는 비참한 기분이 들었다. '쓸모도 없고, 나중에 잘될 것 같지도 않고, 부모 속만 썩이는 내 존재, 살 가치가 있을까? 난 왜 이렇게 멍청할까? 집안의 골칫덩어리, 불필요한 존재, 나만 없으면 이 집은 아무 문제 없을 것 같은데, 나만 빼면 모두 행복해 보이는데…. 공부해봤자니 포기할까? 공부 없는 세상이 있으면 좋겠다.'

서진이는 항상 1등을 유지하는 누나와 비교당하면 자신이 무능하고 한심하게 느껴져 스스로 자신을 비하했다.

이 사례는 지극히 일반적인 가정의 대화입니다. 반영적 경청법을 적용하면 어떻게 달라질까요? 같은 상황에서 수강생이 걸림돌을 억누르고 대화를 해보았습니다.

서진 (힘없는 말투로) 나 왔어.

엄마 아들 왔어?

서진 ….

엄마 기운이 없어 보이네? 엄마가 너 시험 보느라 고생하는 동안 파스타 준비했어.

서진 배… 안 고파요.

엄마 잘 봤는지 궁금한데 네 얼굴 보니 물을 수가 없네. 결과가 마음에 안 드나 보구나.

서진 ….

엄마 …. (기다려준다.)

서진 다섯 개나 틀렸어요.

엄마 다섯 개나 틀려서 실망했구나. 네가 공부한 것에 비해 결과가 안 좋아 화도 나고.

서진 엄마, 저는 쓸모도 없고 앞으로 잘될 것 같지도 않고 부모 속만 썩이는 불필요한 존재 같아요.

엄마 그런 생각까지 들 정도였어? 정말 많이 속상했구나.

서진 저는 공부를 못하는 애인가 봐요.

엄마 서진이가 많이 위축됐구나. 우리 아들이 이렇게 힘들어하니까 엄마도 마음이 아프네. 엄마가 뭘 도와줄 수 있을까?

서진 ….

엄마 ….

서진 뭐…. 제가 더 공부를 많이 해야겠죠….

엄마 …. 혹시 공부에 방해가 되는 건 없니? 아니면 네가 자신없어하는 수학학원을 좀 알아볼까?

서진 수학보다는 영어학원을 바꾸면 어떨까 싶기도 해요.

엄마 그랬으면 좋겠어? 그럼 엄마가 주변 엄마들한테 정보를 얻어서 추천을 몇 개 받아보면 어떨까? 특히 네가 약한 문법 잘 가르치는 곳으로?

서진 네, 한번 알아봐주세요.

엄마 그럼 몇 군데 추천받아올 테니까 선택은 네가 해봐. 잘 안 되면 다른 방법을 의논하자.

서진 알았어요…. 저 방에 들어갈게요.

엄마 응, 사랑해, 우리 아들.

엄마의 기다려주기와 반영적 경청으로 이미 뭐가 부족한지 다 알고 있던 서진이는 공부 해결책을 생각하기 시작했습니다. 이후 이들은 방법을 수정했고 서진이는 다음 시험을 준비합니다.

대화의 기술에 따라 집안 분위기는 지옥이 되기도 하고 천국이 되기도 하지요. 5개나 틀리고 온 아이를 보며 엄마라고 속이 안 뒤집어졌을까요? 화가 안 났을까요? 하지만 엄마의 목적이 아이의 공부 노력과 성적 향상이라면 앞의 두 사례 중 어느 대화 기술이 더 효과적일지 알 수 있습니다.

다음 사례는 단기간에 자녀와의 관계가 개선된 경우입니다.

> 5살 아이에게 저는 손 씻자, 밥 먹자, 준비하자는 말을 많이 하고 있다는 것을 깨달았습니다. 뭘 "하자"라는 말만 하면 아이가 화를 내 자꾸 싸웠거든요.
> 강의를 들으면서 제가 명령하는 말을 입에 달고 살았다는 걸 알았어요. 그래서 "옷 입자"가 아닌 "옷 다 꺼내놨어"로 바꿔 말했고 "아침 먹자"가 아닌 "아침 준비 다 했어"로 상황만 알려주기 시작했습니다.
> 일주일 동안 의식적으로 말을 바꾸었고 반영적 경청법을 사이에 섞었습니다. 덕분에 이번 일주일은 정말 평화로웠어요.

이 사례는 반영적 경청법을 넘어 4교시에 배울 나-전달법 기초 기술까지 적용한 사례입니다. 엄마는 상황을 알려주기만 했고 그러면 아이는 옷을 입을지 말지, 밥을 먹을지 말지 결정할 권한을 갖게 되었습니다. 압박받지 않는 상황에서 결정을 내릴 수 있기 때문에 스트레스도 덜 받게 되었습니다.

한번은 이런 질문을 받았습니다. "아이가 저에게 공격적으로 탓을 하며 말할 때, 도저히 수용할 수가 없어요. 특히 '엄마는 또 약속을 안 지켰잖아!'라고 하면 화가 폭발해서 반영적 경청이고 뭐고 하고 싶지가 않습니다. 이럴 때는 차라리 침묵하는 게 좋을까요?"

저는 이렇게 답변을 드렸습니다. "자녀 때문에 수강생분께서 문제를 소유하셨군요. 많이 속상하셨죠? 그럴 때 반영적 경청이 안 되는 것은 너무나 당연합니다. 내가 화가 났을 때는 어떻게 말해야 되는지는 4~5교시 수업인 나-전달법에서 설명하겠습니다. 우선 저라면 이렇게 얘기하겠습니다. '네가 엄마한테 약속을 지키지 않는다고 하니 엄마는 신용 없는 사람이 된 것 같네. 그래서 슬프고 괴로워.'"

앞으로 일주일간의 숙제는 '완전한 문장으로 자녀에게 반영적 경청 해주기'입니다. 지난주까지 소극적 경청, 앵무새 화법, 반영적 경청법 위주로 대화를 시도했다면 이번 주에는 ❶이유 ❷자녀의 감정 ❸나의 위로 순으로 만든 문장을 자녀에게 들려주세요. 처음에는 힘들겠지만 차차 습관이 되면 나중엔 자연스럽게 나올 것입니다.

본인이 일주일간 자녀와 대화를 하며 사용한 반영적 경청법의 핵심 문장은 무엇이었는지 다음 표(108~109쪽)에 적어보세요. 내가 잘한 건지, 앞으로 고칠 것은 무엇인지 등을 알아보는 용도로 사용하시면 좋고요. 아주 잘했다면 정답지로 사용하셔도 좋습니다.

우선 이번 시간에 소개한 사례들에 나온 100점짜리 반영적 경청법 핵심 문장을 다시 한번 정리해놓았으니 핸드폰에 저장해두시고 대화에 참고하시면 도움이 될 겁니다.

"선생님이 네 노력을 몰라줘서" ❶이유
"인정 못 받은 것 같은 기분이 들고 억울하고 속상했겠다." ❷자녀의 감정
"엄마도 마음이 안 좋네." ❸나의 위로

"친구가 갑자기 너를 놀려서" ❶이유
"부끄럽고 당황스럽고 화도 났겠네." ❷자녀의 감정
"엄마도 그런 일을 겪으면 참기 힘들었을 거야." ❸나의 위로

"엄마 아빠가 얘기할 때 너를 끼워주지 않는 것 같아" ❶이유
"외롭고 서운한 감정이 들어서 두렵고 싫구나." ❷자녀의 감정
"미리 말했어야 하는데 엄마가 미안해." ❸나의 위로

"서형이는 수업 시간에 떠들고 싶어도 꾹 참으면서 규칙을 잘 지키고 있구나?" ❶이유
"규칙 지키는 게 힘들겠다. 그치?" ❷자녀의 감정
"그 어려운 걸 잘 해내고 있네?" ❸나의 위로

완전한 문장으로 반영적 경청법을 사용한 나의 사례

번호	구분	내용
1	상황	
	❶ 이유	
	❷ 자녀의 감정	
	❸ 나의 위로	
2	상황	
	❶ 이유	
	❷ 자녀의 감정	
	❸ 나의 위로	

번호	구분	내용
3	상황	
	❶ 이유	
	❷ 자녀의 감정	
	❸ 나의 위로	
4	상황	
	❶ 이유	
	❷ 자녀의 감정	
	❸ 나의 위로	

4교시

나 – 전달법 기초

4교시 1

나-전달법의 필수 요건

사례로 배우는 나-전달법

지난 일주일은 어떠셨나요? 완전한 문장의 반영적 경청법을 4회 이상 사용하셔서 책의 워크시트 칸이 모자라지는 않았는지요? 한 주간 자녀의 말문이 어느 정도 열렸는지도 궁금합니다.

지금까지 자녀의 말을 들어주기만 하고 아이가 내 뜻대로 움직여 주지 않아 답답하셨죠? 셋째 주까지 자녀의 이야기를 들어주는 공감적 경청을 했다면 이제부터는 나의 메시지를 전달하는 나-전달법을 익혀볼 시간입니다.

나-전달법은 심리학자 토머스 고든이 1960년대에 만든 용어로, 심리상담 분야에서 보편적으로 사용하는 대화 기술입니다. 이는 말하는 사람 즉 '나'를 주어로 하는 문장으로 표현되며 '나'의 감정, 신념,

가치 등을 설명하는 방식입니다.

나-전달법에는 지켜야 할 3가지 사항이 있습니다. 먼저 ❶ 상대를 향한 비난이나 비평이 없어야 하고 ❷ 상대의 행동이 나에게 미치는 영향을 구체적으로 표현해야 하며 ❸ 그 영향에 대한 나의 감정이나 느낌이 들어가야 합니다. 역시나 이론은 어려우니 바로 사례를 들어 보겠습니다.

아빠(나)가 거실에서 TV를 보고 있다. 아이가 옆에 앉더니 핸드폰 음량을 크게 해놓고 동영상을 보기 시작한다.

❶ **상대의 행동에 대한 비난 없는 서술**
"아빠가 뉴스를 보고 있는데 네가 옆에서 동영상을 크게 틀고 보니"
❷ **그 행동이 나에게 미치는 구체적인 영향**
"뉴스에서 무슨 소리를 하는지 들을 수가 없네."
❸ **그 영향에 대한 나의 감정**
"그래서 아빠는 불편해졌어."

아빠는 아이를 전혀 비난하지 않았습니다. "시끄러워! 소리 줄여!"라고 행동을 제약하지도 않았고요. 아이의 행동이 나에게 미친 '구체적인' 영향을 전달했으며 그로 인해 생겨난 나의 감정을 말했습니다. 비판받지 않은 아이는 자신의 행동이 타인에게 불편함을 주었다는 걸 인지하게 되어 행동을 수정하였습니다. 제재나 강압이 없었으니 자율적으로 말이죠.

크고 무거운 장바구니를 들고 마트에서 오는 엄마. 현관에 대충 세워놓은 아이의 자전거를 피하려다 종아리를 살짝 긁혔다.

❶ **상대의 행동에 대한 비난 없는 서술**
"엄마가 현관을 들어올 때 네 자전거가 거기 있으면"
❷ **그 행동이 나에게 미치는 구체적인 영향**
"좁아진 현관으로 짐을 들고 들어오기가 힘들거든?"
❸ **그 영향에 대한 나의 감정**
"그래서 엄마는 집에 들어올 때마다 긴장이 되고 가슴이 답답해져."

이 사례도 마찬가지입니다. 대화의 첫 문장을 비난 없이 표현하고 있습니다. 이와 달리 다음과 같이 운을 뗀다면 어떨까요. "네가 자전거를 아무렇게나 세워두니까, 네가 맨날 안 씻으면, 네가 그렇게 떠들면, 넌 맨날 불평이 많은데, 옷을 그렇게 벗어놓으면…." 이렇게 비판의 뜻을 담아 첫 문장을 건넬 경우 듣는 사람은 거부감이 든 상태에서 대화에 참여하게 됩니다. 또한 '자주, 항상, 또, 늘, 언제나, 맨날,

할 때마다'처럼 빈도를 나타내는 말은 가급적 사용하지 않는 게 좋습니다.

다음으로, '그 행동이 나에게 미치는 구체적인 영향'을 말할 때는 '너'에게 미치는 영향이 아닌 '나'에게 미치는 영향임을 명심하세요. "네가 늦게 다니면 네가 위험해, 네가 바로 씻지 않으면 네가 감기에 걸려, 네가 공부를 열심히 하지 않으면 나중에 네가 고생해" 등은 '너'에게 미치는 영향입니다. "네가 늦게 다니면 엄마는 잠을 늦게 자게 돼서 아침에 출근하기가 힘들어져, 네가 바로 씻지 않으면 땀 냄새에 아빠는 머리가 아파"와 같이 '나'에게 미친 구체적인 영향을 말해야 합니다.

이것은 나-전달법에서 가장 어려운 부분이기도 합니다. 예를 들어 아이가 아플 때 나에게 미치는 영향은 뭘까요. "너를 간호해야 해서 내가 잠을 푹 잘 수가 없다, 내일은 너무 바쁜 날인데 너를 병원에 데리고 가야 된다면 힘들어진다, 내일 계획했던 일정이 엉망이 된다" 등이겠지요.

말하자면 '그 행동이 나에게 미치는 구체적인 영향'은 본연의 나를 찾아가는 여정입니다. 이 과정을 통해 내가 무엇을 싫어하는지 파악할 수도 있고 내가 중요하게 여기는 것이 무엇인지도 깨닫게 됩니다.

마지막으로, '그 영향에 대한 나의 감정'을 전달하기입니다. 예컨대 지하철에서 누군가 나의 발을 살짝 밟았을 때 "아야! 발 치우세요!"라고 말하면 어떨까요. 상대는 당황하면서도 불쾌한 표정으로 '뭘 그렇게 아프다고…' 하는 표정을 지을 수도 있겠죠. 하지만 "지금 제 발을 밟고 계셔서 제가 좀 아프네요"라고 말하면 상대는 몹시 미안해하며 사과할 것입니다.

조금 과장된 예시였지만 중요한 건 비판적 감정 전달이 아닌 상황적 감정 전달만 하는 것입니다. 또한 "그래서 짜증이 나요" "그래서 화가 나요"처럼 단순하게 표현하기보다는 2교시에 배운 다양한 감정 표현 단어들을 사용하는 게 훨씬 더 효과적입니다.

다음 표에 나타난 각 상황에 대해 나-전달법의 3요소에 해당하는 문장을 작성해 빈칸을 채워보세요.

❶ 상대의 행동에 대한 비난 없는 서술(=행동 서술)
❷ 나에게 미치는 구체적 영향(=구체적 영향)
❸ 그 영향에 대한 나의 감정(=나의 감정)

나-전달법 연습

상황	일요일 이른 아침, 2살 아기가 자고 있는데 6살 아들이 거실에서 크게 TV를 틀어놓고 있다.
❶ 행동 서술	
❷ 구체적 영향	
❸ 나의 감정	

상황	금요일 밤 10시, 중학생 딸이 친구를 만나기 위해 잠시 외출하려 준비 중이다.
❶ 행동 서술	
❷ 구체적 영향	
❸ 나의 감정	

상황	고등학생 딸. 방에는 제자리에 있는 물건이 없고 특히 뱀 허물처럼 벗어놓은 옷이 여기저기 널브러져 있다.
❶ 행동 서술	
❷ 구체적 영향	
❸ 나의 감정	

상황	오랜만에 저녁 외식을 하러 가려는 가족. 아들이 초코파이를 하나 뜯어 먹으려 한다.
❶ 행동 서술	
❷ 구체적 영향	
❸ 나의 감정	

상황	PC방에 가본 적이 없는 초4 아들, 새로 사귄 친구들과 주말에 PC방에 가기로 약속했다고 한다.
❶ 행동 서술	
❷ 구체적 영향	
❸ 나의 감정	

상황	여드름 때문에 비싼 피부과 치료를 받는 중1 딸, 늦은 밤 라면을 먹겠다고 한다.
❶ 행동 서술	
❷ 구체적 영향	
❸ 나의 감정	

상황	오랜만에 가족여행을 갔는데 아들은 하루 종일 핸드폰만 들여다보고 있다.
❶ 행동 서술	
❷ 구체적 영향	
❸ 나의 감정	

상황	영어학원 단어 숙제가 일주일에 5장인데 우리 아이는 힘들다고 3장만 하고 있다.
❶ 행동 서술	
❷ 구체적 영향	
❸ 나의 감정	

★ 많은 분이 작성한 답은 부록 246~249쪽을 참고하세요.

4교시 2

나-전달법의 핵심 비법

나의 'real want'를 찾는 원 포인트 레슨

나-전달법을 사용하기 시작한 수강생들은 이런 질문도 많이 하십니다. "나-전달법을 사용했는데도 아이가 제 뜻대로 움직여주지 않아요." "제가 나-전달법으로 말했는데 아이가 되받아치던데요? 그게 자기랑 무슨 상관이냐면서 말이죠."

또한 '나에게 미치는 구체적 영향'을 찾아내기가 너무 힘들다는 의견도 많습니다. 왜 찾기 힘들까요? 그리고 겨우 찾은 구체적 영향을 얘기했을 때 왜 아이는 받아들이지 않았을까요? 정답은 내가 진짜 원하는 것(이하 real want)을 말하지 않았기 때문입니다.

real want는 위선적이어도 안 되고 의도적이어서도 안 됩니다. 순수한 real want 찾기, 역시 이론보다는 사례가 쉽겠죠? 그럼 사례들을 통해 다른 사람들은 real want를 어떻게 찾아 나-전달법을 사용하고 있는지 살펴보겠습니다.

> **엄마** 네가 새벽 한 시까지 안 자고 있으면, 엄마는 신경이 쓰여서 잠에 깊게 들지 못하고 또 네가 다음 날 피곤할까 봐 걱정돼.
> **아이** 신경 끄고 주무세요. 저 안 피곤해요.

엄마의 real want가 모호해서 아이가 따라주지 않았습니다.

> **엄마** 네가 새벽 한 시 전에 잠을 자지 않으면, 아침에 너를 깨울 때 안쓰러운 마음이 들어서 싫고, 엄마도 체력적으로 많이 피곤해.
> **아이** 알겠어요.

엄마의 real want 즉 진짜 바라는 것은 아침에 아이를 깨울 때 마음이 무겁지 않고 피곤하지 않은 것이었습니다. 첫 번째 나-전달법의 시도에서는 엄마의 real want가 뚜렷이 나타나지 않았기 때문에 아이에게 제대로 전달되지 않았고 따라서 아이가 자신의 행동을 바꾸고 싶은 생각이 들지 않았습니다.

엄마 네가 유치원 갈 준비를 해야 하는 시간에 퍼즐을 가지고 오면, 유치원에 늦게 되잖아!

아이 나 유치원 가기 싫다고!

유치원에 가기 싫은 마음이 있는 아이에게 늦는다는 사실은 전혀 중요하지 않기 때문에 아이가 따라주지 않았습니다.

엄마 지금 유치원 가기 싫다고 하면서 퍼즐을 하면, 원장님이 엄마를 '아이를 대충 키워 유치원도 제대로 못 보내는 무능한 엄마'라고 여길까 봐, 엄마는 너무 싫어.

아이 아…. 알았어요….

엄마의 real want는 아이를 대충 키우는 엄마로 인식되고 싶지 않다는 것이었습니다. "유치원에 지각하면 안 돼!"라는 맹목적 명분을 지키기 위한 주장보다 더욱 본질적이고 솔직한 엄마의 바람을 전달받았을 때 비로소 아이는 엄마를 이해하게 됩니다.

아빠 네가 집에서 쿵쿵 뛰면, 아래층 사람들이 시끄럽다고 올라올까 봐 걱정돼. 아빠는 아래층 사람들과 싸우지 않고 사이좋게 지내고 싶거든.

아빠의 real want는 아래층 사람들과 갈등이 생기지 않는 것이었습니다. 자신의 솔직한 바람을 아이에게 전달했기 때문에 아이는 금방 수긍을 하게 됩니다.

이때 만약 아이가 행동을 수정해줬다면 이렇게 말을 보태보세요.
"아빠가 오늘 조마조마했거든. 근데 네가 오늘 안 뛰어줘서 너무 좋아. 고마워. 사랑해."

물론 이렇게 멋있고 명쾌한 real want만 있는 것은 아닙니다. 일상생활에서는 지극히 개인적이고 이기적이며 단순한 real want가 훨씬 더 많지요.

엄마 옷이 바닥에 놓여 있으면 먼지가 묻고 옷이 더러워져 빨아야 하잖아. 그럼 옷이 상할까 봐 염려되고 자주 빨래해야 하니 귀찮아.
(엄마의 real want: 옷이 상하지 않고, 귀찮은 빨래를 자주 하지 않는 것)

엄마 네가 옷을 입어보지 않고 사면, 나중에 치수가 안 맞아 교환하러 오게 될 수 있잖아. 그러면 엄마는 번거로워서 싫어.
(엄마의 real want: 옷을 바꾸러 번거롭게 다시 오는 일을 피하고 싶음)

아빠 에어컨을 틀어놨는데 창문을 잘 안 닫으면, 뜨거운 공기가 들어와 에어컨을 더 세게 틀어야 하기 때문에 전기요금이 많이 나오게 돼. 그러면 낭비되는 것 같고 아빠는 돈을 버는 입장에서 의욕이 떨어져.

(아빠의 real want: 전기요금을 아끼고 싶음)

나-전달법을 사용하고 싶은데 real want를 도무지 찾을 수 없을 때도 있습니다. 그럴 때는 나의 감정만이라도 표현해주면 효과를 볼 수 있습니다. 그러나 가급적이면 완전한 나-전달을 위해 real want를 찾도록 노력해보시기 바랍니다.

4교시 3

힘든데 그만하면 안 되나고요?

힘의 흐름, 빙산 이론, 기어 바꾸기

지금 여러분은 이 책을 읽기 시작한 지 3주가 지났고 4교시 내용을 읽고 계십니다. 복습 한번 해보겠습니다.

1교시에는 문제 소유 가리기(나 or 아이), 13가지 걸림돌 사용 자제를 배웠습니다. 2교시에는 소극적 경청법, 앵무새 화법('구나 구나'), 반영적 경청법을 배웠습니다. 이제 이런 단어들이 낯설지 않지요? 3교시에는 반영적 경청법의 완전한 문장(❶이유 ❷자녀의 감정 ❸나의 위로)을 익혔습니다. 그리고 4교시에 나-전달법(❶행동 서술 ❷구체적 영향 ❸나의 감정)과 함께 real want를 찾는 방법을 배웠습니다.

이쯤 되면 '애 하나 키우는 게 뭐 이렇게 힘들고 복잡해?'라는 생각이 슬그머니 고개를 들면서, 자녀를 대할 때도 "나 때는 엄마 아빠가

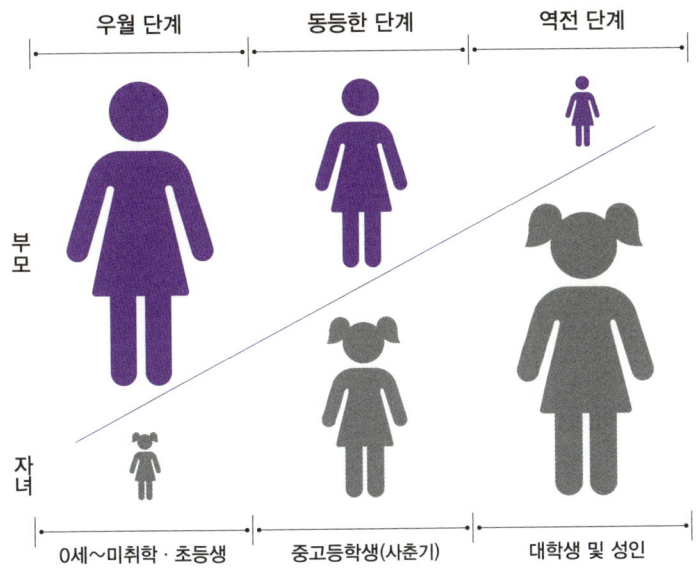

한 마디만 하면…"이라는 말과 함께 규칙을 깨고 싶은 강자의 본성이 드러나기 쉽습니다.

위 그림은 시기에 따른 부모와 자녀 간 힘의 변화를 나타냅니다.

먼저 '우월 단계'는 부모의 힘이 가장 큰 시기입니다. 이때 부모는 자녀를 강압할 수도 있고 비판, 무시, 조롱, 경멸을 할 수도 있는데 자녀는 아직 반항할 힘이 없습니다. 강도 높은 훈육을 하는 부모들은 "아들만 둘이라서" "살기가 힘들어서" 등의 핑계를 대기도 합니다. 그러나 사실은 자녀가 자기보다 훨씬 약자라 함부로 대해도 전혀 위협받지 않기 때문이며, 자녀를 스트레스 푸는 대상으로 삼는 경우도 종종 볼 수 있습니다.

다음은 우월 단계에 있는 아빠와 아들의 사례입니다.

제 아들은 엄하고 무서운 아빠에게 강도 높은 훈육을 받고 자랐습니다. 아이가 6학년 때 큰 잘못을 해서 팬티 바람으로 집 밖으로 쫓겨난 적이 있습니다. 현관 문고리를 잡고 한참을 엉엉 울던 아이, 나중에 알고 보니 같은 반 여학생과 마주치기도 했다네요.

어느 날 우연히 아들의 일기장을 본 저는 너무 놀랐습니다. '아빠를 죽이고 싶다. 늙기만 해봐. 반드시 복수해줄게'라고 쓰여 있었고 그 시기에 이미 아이는 아빠와 대화가 거의 없는 상태였습니다.

이후 저는 대화 기술을 배웠고 아들에게 수없이 많은 위로를 해주었습니다. "얼마나 힘들었니. 감히 상상도 하지 못하겠다. 아빠가 얼마나 미웠을까. 네 일기장 보고 엄마는 네가 너무 안쓰러웠어. 엄마가 말리지 못해서 정말 미안하다. 너를 보호해줬어야 했는데…. 큰 상처를 받게 해서 진심으로 미안해. 엄마가 사과할게…"라고 말입니다.

아이는 잘못도 없어 보이는 엄마가 계속 사과하는 것에 짜증이 났고 아빠를 향한 적대심이 낮아지지도 않은 것 같았어요. 그래도 조금씩 마음이 풀렸는지 5년이 지난 지금 제가 또 사과를 하면 "엄마, 이제 그만해. 알았어요"라고 합니다. 아직도 아이 마음에 남아 있을 상처를 생각하면 미안함에 눈물이 납니다.

부모-자녀 간 힘의 흐름에서 두 번째 단계는 '동등한 단계'입니다. 보통 자녀가 사춘기에 접어드는 시기이며 이즈음 부모의 힘과 자녀의 힘이 비슷해집니다. 물론 경제력 면에서 힘의 차이는 여전하지만 자녀는 자신이 어떤 행동을 하면 부모에게 위협이 되는지 알게 됩니다. 가령 도둑질을 한다든지 친구를 때린다든지 가출을 하는 등으로 부모를 괴롭힐 수 있지요. 자녀는 왜 그런 생각이 들까요? 우월 단계에서 당한 게 많아 복수심을 갖고 있기 때문입니다.

사춘기를 유달리 심하게 겪는 자녀와 사춘기인 줄도 모르고 지나간 자녀의 차이는 타고난 기질에도 원인이 있겠지만 우월 단계에서 부모와의 대화가 얼마나 잘 이루어졌는지가 더 큰 원인이 될 수 있습니다. 다음 사례를 볼까요.

어려서부터 아빠에게 야구방망이로 자주 맞던 아들은 12살이 되자 맞을 때 더 이상 "아야!"라는 소리를 내지 않았습니다. 그렇게 자란 아이가 먼 지방에 있는 대학에 입학해서 우리는 독립을 하게 해줬습니다. 때가 되면 등록금 받아가기에

학교에 잘 다니는 줄 알았는데, 한동안 연락이 안 돼 알아보니 이미 2년 전 휴학한 상태였습니다. 한 달쯤 지났을까요? 겨우 연락이 닿았고 아들은 아빠에게 이렇게 말했습니다.
"당신도 한번 당해봐. 나는 이제 하고 싶은 거 다 하면서 살 거야!"
아들은 몇 년 전부터 아빠에게 복수를 하고 있었던 겁니다. 제 마음은 완전히 무너졌고 그동안 잘못 살았다는 걸 뼈저리게 느꼈습니다. 이후 우울증에 약까지 먹으며 겨우 버티다가 지푸라기라도 잡을 심정으로 이 수업을 받게 되었습니다.

마지막 단계는 '역전 단계'입니다. 부모는 노인이 되고 자녀는 경제적·사회적으로 성장한 상태입니다. 취직을 해 돈을 벌고 가정을 꾸리는 등 완전한 독립체가 되어 부모보다 더 강한 힘을 갖게 되죠.

어릴 적 핍박받은 자녀는 이 시기에 어떤 행동을 할까요? 심하게는 부모와 연을 끊을 수도 있고 보복하는 경우도 있습니다. 또는 반대로, 어릴 적 받지 못한 사랑과 인정을 받기 위해 부모에게 안쓰러울 정도로 과한 효도를 하며 결핍을 채우려는 경우도 있습니다.

이와 같이 시기에 따라 부모와 자녀 간에는 힘의 흐름이 바뀝니다. 힘의 우위를 차지한 자가 상대를 공격하는 가정을 원하는 사람은 아무도 없을 것입니다. 이 책을 보며 열심히 공부하고 있는 훌륭한 부모님들, 대화 기술을 실천하기가 힘들고 자녀의 변화 속도가 더뎌 속상할 때도 있을 것입니다. 그런 순간에 앞의 '힘의 흐름도'를 한 번 더 보며 마음을 가다듬고 끝까지 노력해주시기를 바랍니다.

한편 '감정의 빙산 이론'이라는 게 있습니다. 수업을 하다 보면 이런 고민을 토로하는 분들을 자주 만납니다. "왜 우리 아이는 걸핏하면 화를 낼까요?" "별것도 아닌 일에 왜 소리를 지르는지 이해가 가지 않아요." "ADHD 검사나 TCI 검사를 해봐야 할까요?"

'빙산의 일각'이라는 말을 들어보셨지요? 아시다시피 이는 비유적 표현으로 '어떤 일의 대부분이 숨겨져 있고 겉으로 드러난 것은 극히 일부에 지나지 않음'을 뜻합니다. 실제로 빙산이 전체 크기의 약 10분의 1만 수면 위로 드러나 있는 데서 비롯한 표현이지요.

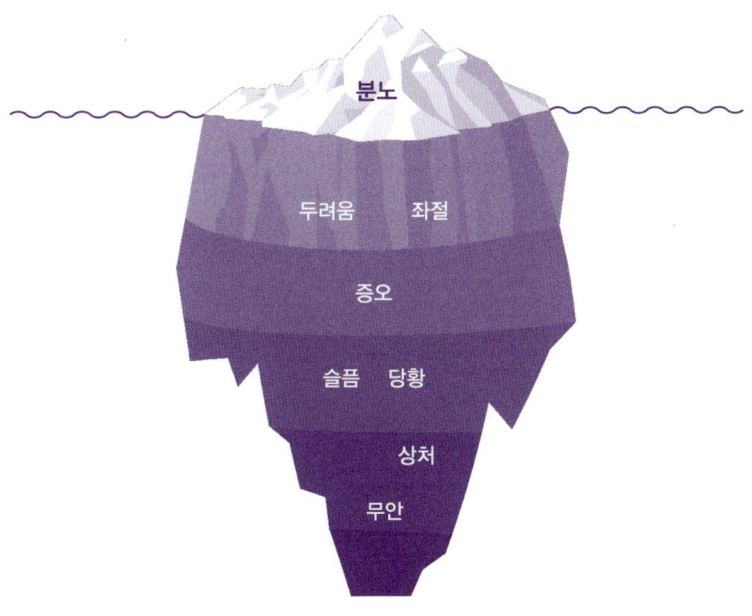

감정의 빙산 이론

감정의 빙산도 마찬가지입니다. 수면 아래 즉 마음속에서 슬픔, 상처, 무안, 당황, 좌절, 두려움 등 부정적 감정이 커질 대로 커진 끝에 분노가 표출되는 것입니다. 그러니 자녀가 갑자기 화를 내면 '얘가 분노 밑에 부정적 감정이 많이 쌓였구나' 하고 이해해주시고 그동안 배운 대화 기술을 통해 자녀의 분노 빙산을 녹여주셨으면 합니다. 자주 화를 낸다는 건 그만큼 수면 아래 부정적 감정의 빙산이 많이 커져 있다는 뜻이니까요.

다음으로 '기어 바꾸기 이론'을 소개하려 합니다. 앞서 배운 대화 기술을 계속 사용하다 보면 불만이 생길 수도 있는데요, 즉 "같은 말을 계속하게 되고, 어떤 땐 내가 AI가 된 것 같기도 하고, 정말 앵무새가 된 기분도 든다"는 식으로 말이죠. 이때 기어 바꾸기 기술을 사용하면 대화가 훨씬 편해집니다.

여기서 기어 바꾸기란 운전할 때 기어를 바꾸듯 반영적 경청법과 나-전달법을 번갈아 사용하는 기술을 말합니다.

자녀의 표현에 대해 처음에는 반영적 경청법으로 응하고 그다음에는 나-전달법으로, 다시 반영적 경청법, 나-전달법으로 기어 변환하듯 대해보세요. 그러면 자녀의 방어적 반응 강도가 점점 낮아지고 그에 따라 행동 변화가 나타날 것입니다.

다음은 기어 바꾸기의 사례입니다.

회사에서 눈치 보다 겨우 퇴근해 서둘러 집에 온 엄마. 옷도 갈아

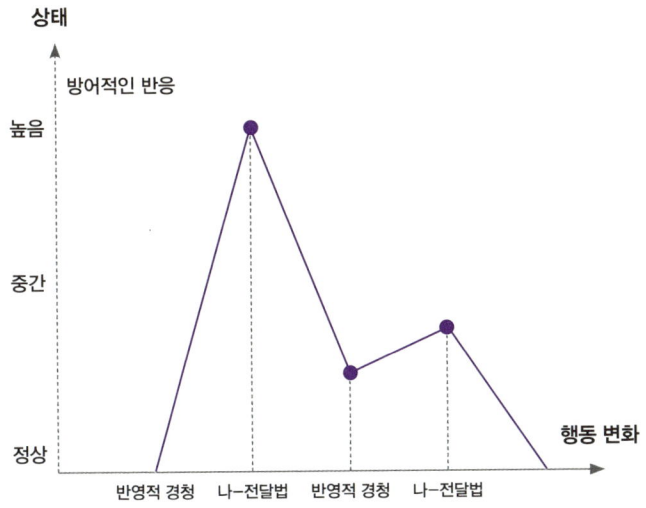

입지 못하고 30분 만에 부랴부랴 저녁상을 차렸다. 밥 먹으라고 아이를 세 번이나 부르자 그제야 아이는 어슬렁거리며 식탁에 와서 앉는다.

아이 (반찬을 훑어보더니) 나 밥 안 먹어!
엄마 엄마가 정신없이 퇴근하고 뛰어와서, 힘들어 죽겠는데도 너 밥 먹이려고 저녁상 차렸는데! 너는 몇 번을 불러도 안 오다가 마지못해 와서는, 뭐? 안 먹겠다고? 그래, 먹지 마!

같은 상황에서 반영적 경청법과 나-전달법을 사용해보았다.

아이 나 밥 안 먹어!
엄마 그래? 밥 먹기 싫구나?
아이 안 먹을 거야.
엄마 엄마는 퇴근하고 정신없이 저녁상 차리느라고 고생했는데 네가 안 먹겠다고 하니 엄마 노력이 다 허사가 된 것 같다.
아이 … 아, 싫다고요.
엄마 싫다고만 하니까 엄마가 이유를 몰라서 답답하네.
아이 소시지가 없잖아요….
엄마 아, 그랬구나. 소시지가 먹고 싶었는데 없어서 실망했구나. 그래서 화가 난 거야?
아이 아니… 없어서 화난 건 아니구….
엄마 그럼 뭔데? 궁금하다.
아이 그게 아니라…. 오늘 급식 시간에 내가 마지막이었는데 급식 당번이 실수를 해서 소시지가 다 떨어진 거야! 그래서 나한테 양파랑 브로콜리만 줬단 말이야. 그런데 걔가 나한테 사과도 안 했어. 억울해서 선생님께 말했는데도 달라진 건 아무것도 없었어.
엄마 아. 그런 사연이 있었구나. 약 올랐겠다.

아이 어! 엄청 화났었어!

그제야 엄마는 아이가 밥을 먹지 않겠다는 이유를 알게 되었고 아이는 엄마와의 대화를 통해 억울한 심정이 조금 누그러졌습니다. 엄마는 이후로도 한동안 기어 바꾸기를 통해 아이의 마음을 읽어주었고 결국 아이는 소시지 없이도 밥을 잘 먹었습니다.

토요일 저녁, 중학생 딸이 잠깐 친구 만나러 나간다고 해서 오랜만에 허락을 해줬는데 늦게까지 귀가하지 않고 연락도 받지 않는다. 딸은 밤 11시 훌쩍 넘어 들어왔다.

엄마 왜 이렇게 늦었어! **(화가 나서 일단 걸림돌 나옴)**
딸 내가 놀고 온다고 했잖아요!
엄마 이 정도로 오래 노는지는 몰랐지. 엄마는 정말 잠깐 만나고 오는 줄 알았는데….
딸 엄마가 잘못 알았네. 난 이 정도 놀고 온다고 말한 것 같은데….
엄마 엄마는 잠깐인 줄 알았는데 그 시간이 길어지니까 네가 약속을 안 지킨다고 생각했어. 무시당한 느낌에 속상하더라. **(나-전달법을 사용)**
딸 흠. 아닌데….

엄마 그랬구나. 너는 늦을지도 모른다는 말을 했다고 생각했구나. **(반영적 경청법을 사용)**

딸 네에….

엄마 그런데 다음에도 늦게까지 연락이 안 되면 엄마는 정말 화를 낼지도 몰라. 세상이 험해서 엄마가 소중한 우리 딸을 얼마나 걱정했다고…. **(나-전달법을 사용)**

딸 알았어요…. 미안해요, 엄마.

엄마는 화가 났던 터라 첫마디는 무심결에 걸림돌이 튀어나왔으나 곧 마음을 다잡고 '나-전달법'과 '반영적 경청법'을 번갈아 사용하며 딸의 마음을 읽어주었습니다. 애초에 '잠깐' 놀고 오겠다고 한 딸에게 잘못을 지적하기보다는 엄마 자신의 감정과 진심에 초점을 맞춰 전달했고, 그러자 딸도 방어적인 태도를 접고 엄마에게 사과했습니다.

약사인 저는 그날도 바쁘게 일하고 있었습니다. 그런데 전날 감기약을 사 갔던 손님이 들어오더니 약이 효과가 하나도 없다며 대뜸 환불해달라고 소리를 질렀습니다.

손님 3천 원 돌려줘요! 약값 환불해달라고요!

약사 (다른 손님들도 있어 당황스럽지만 약값을 돌려주면서) 감기약을 드셨는데도 몸이 낫지 않아서 몹시 화가 나셨군요.

손님 (화를 조금 누그러뜨리며) 아니, 솔직히 환불이 중요한 게 아니라 종일 기침, 콧물이 전혀 낫지 않아 너무 화가 납니다!

약사 정말 화가 많이 나셨군요….

손님 사실은 제가 알레르기 비염이 좀 심하거든요.

약사 맞아요. 알레르기 비염 환자는 감기가 빨리 낫지 않아요. **(여기까지 반영적 경청)**

약사 사실은 좀 전에 손님께서 화를 내서서 너무 무서웠고 다른 손님들한테 창피하기도 했어요. **(나-전달법을 사용)**

손님 미안합니다. 제가 성질이 좀 급해서…. 미안합니다.

며칠 후, 그 손님이 웃음 띤 얼굴로 약국에 들어왔습니다.

손님 저 기억하시겠어요?

약사 그럼요, 궁금하기도 해서 기다렸죠. 감기는 좀 어떠세요?

손님 많이 좋아졌어요. 그날 미안하기도 해서 영양제 하나 사려고 왔어요. 그날 화를 내서 정말 미안합니다.

이후 그 손님은 우리 약국의 확실한 단골이 되었고 주변에 홍보까지 해주었습니다.

이번 4교시에는 나-전달법에 대해 알아보았습니다. 나-전달법을 사용할 때 유념해야 할 3가지 기준이 있습니다. 내가 나-전달법으로 이렇게 말하면 ❶상대방이 행동을 바꿔줄까? ❷상대방의 자존심이 상하지 않을까? ❸둘의 관계가 훼손되지 않을까? 이 기준을 항상 염두에 두고 말을 시작해야 합니다. 만약 상대방이 행동을 바꿔주었더라도 자존심이 상해서 관계가 훼손됐다면 그건 제대로 된 나-전달법이 아닙니다.

앞으로 일주일간 반영적 경청법과 함께 나-전달법을 사용해 자녀와 대화해보세요. 물론 기어 바꾸기를 적용하시면 더 좋은 효과를 거둘 수 있는데요, 두 방법을 꼭 번갈아 사용할 필요는 없습니다. 상대의 반응에 맞추어 적절히 섞어 사용하시면 됩니다. 단, 나-전달법보다 반영적 경청 횟수가 더 많을수록 행동 수정에 더욱 도움이 됩니다.

4교시 숙제는 자녀와의 특정 상황에서 기어 바꾸기를 사용하고 그 사례를 직접 작성하는 것입니다. 다음 표를 채우며 잘한 점, 부족한 점 등을 체크해보세요. 이번 주도 수고하셨습니다.

기어 바꾸기 사용 사례

1	상황	
	반영적 경청법	
	나-전달법	
2	상황	
	반영적 경청법	
	나-전달법	

3	상황	
	반영적 경청법	
	나-전달법	
4	상황	
	반영적 경청법	
	나-전달법	

5	상황	
	반영적 경청법	
	나-전달법	
6	상황	
	반영적 경청법	
	나-전달법	

5교시

나 - 전달법 심화

5교시 1

일주일간 어떠셨어요?

잘하는 부모의 사례 엿보기

나-전달법을 사용해본 일주일은 어떠셨나요? 많은 분들이 'real want 찾기'가 어려웠다고 얘기하시더군요. 그렇다 보니 자녀와 대화하다가 멈칫하는, 이른바 로딩 loading 이 자주 걸려 난감했다고들 하십니다. 처음이라 낯설고 힘드셨지요. 고생 많으셨습니다.

그런가 하면 이전까지는 반영적 경청법으로 들어주기만 하다가 드디어 내가 하고 싶은 얘기를 나-전달법으로 할 수 있게 돼서 답답함이 조금 풀렸다는 반응도 꽤 많았습니다. 그럼 지난 일주일간 나-전달법을 어떻게 사용했는지, 사례를 통해 알아보겠습니다.

금요일 오전, 과제가 많다며 하루 종일 공부하겠다던 대학생 딸이 집에서 함께 점심을 먹고 나더니 쇼핑몰에 가서 티셔츠 하나 사고 카페에서 공부하자고 한다.

엄마 (순간 욱했지만 내가 문제를 소유했음을 인지) 오전 내내 과제 하더니 답답했나 보구나?

딸 네, 환경을 잠깐 바꿔보는 것도 좋을 것 같아요. 마침 티셔츠 살 것도 있고요.

엄마 분위기를 바꿔보는 것도 좋은 방법이지. 엄마도 대학생 때 그렇게 했었어. **(반영적 경청법 사용)**

딸 그렇죠? 하루 종일 집에 있으니까 솔직히 답답하기도 했어요.

엄마 엄마도 너랑 쇼핑하면서 데이트도 하고 싶은데, 마음에 살짝 걸리는 게 있어서….

딸 뭔데요?

엄마 쇼핑몰 가면 2시, 쇼핑하면 4시, 카페 갔다가 집에 오면 7시쯤 될 텐데 그럼 퇴근하는 아빠 저녁을 못 챙겨줄 것 같아서 조금 불안해. **(나-전달법 사용)**

딸 아… 그런 건 생각 못했네요. 그럼 안 가도 돼요.

엄마 우리 딸이 기분 전환하면 과제를 더 금방 끝낼 수 있을 텐데, 아빠를 위해 양보해줘서 고마워~ **(칭찬 추가 사용)**

딸 아니에요. 엄마 말이 맞아요. 저 요 앞에 편의점이나 다녀오면서 잠깐 바람만 쐬고 올게요.

나-전달법을 배우고 첫 일주일 동안 딸과의 대화가 많이 달라졌다는 수강생분의 사례였습니다. 점심을 먹은 딸이 쇼핑몰과 카페에 가자고 했을 때 그전 같았으면 이렇게 반응했을 거라고 합니다. "너 과제 많다며! 얼마나 했어? 절반은 했니? 너는 항상 끈기가 부족해. 지금이 쇼핑할 때야? 티셔츠를 굳이 오늘 사야만 하니?" 이렇듯 걸림돌을 퍼붓고 나서 그날은 내내 대립각을 세웠겠지요.

엄마의 솔직한 real want를 반영적 경청법과 나-전달법으로 전달했더니 딸은 자신의 결정이 아빠에게 부정적 영향을 준다는 것을 깨달았고 그러면서 아빠, 나아가 타인을 배려하는 생각을 하게 되었습니다. 이 가정의 또 다른 사례를 나눠보겠습니다.

얼마 전 빨래 규칙을 함께 정한 모녀. 손빨래해야 하는 자기 속옷은 딸 본인이 빨되, 방 한편에 놓인 바구니에 모아놨다가 주말에 빨기로 약속했다. 하지만 딸의 속옷은 여전히 방 여기저기 흩어져 있었고 엄마는 나-전달법을 사용하기로 마음을 먹는다.

엄마 엄마랑 함께 정한 규칙을 지키는 게 쉽지 않지?
　　　(반영적 경청법 사용)
딸 네, 엄마. 아직 습관이 안 돼서 자꾸 지키는 걸 까먹네요.

엄마 네가 빨기로 약속한 네 속옷을 바구니에 넣지 않고 여기저기 놔두면, 엄마는 빨랫감을 구분하기가 힘들고 네 속옷까지 엄마보고 빨라는 것 같아서 섭섭하고 힘들어. **(나-전달법 사용)**

딸 아, 엄마…. 내가 이렇게 이기적인지 몰랐어요…. 얼마 전 아빠 저녁 챙겨주는 것도 그랬고….

엄마 아냐. 우리 딸, 단지 아빠 저녁이랑 속옷만 그랬을 뿐이야.

딸 이 상황에서도 나를 위로해주는 엄마가 참….

그날 이후 2주가 지난 지금, 딸은 속옷 빨래 약속을 잘 지켰다. 그리고 이젠 이기적인 사람이 되고 싶지 않다며 앞으로 절대 미루지 않겠다고 말한다. 엄마는 가끔 일부러 딸의 속옷을 한 번 빨아주고는 생색을 냈고 모녀는 요즘 "감사해. 행복해"라는 말을 종종 주고받는다.

좋은 부모가 되고 싶다는 기본적인 욕구와 마찬가지로 자녀들 또한 '좋은 자녀'가 되고 싶다는 욕구를 갖고 있습니다. 부모가 따뜻한 마음으로 두 팔을 벌려준다면 자녀는 분명 부모에게 안기려 할 것입니다.

이번에는 다른 가정의 사례를 보겠습니다.

10살 윤호는 존댓말을 쓰지 않아서 어른이 불러도 "응" 하고 대답한다. 특히 할머니하고 대화할 때도 반말로 하는 게 엄마는 몹시 거슬렸고 시어머니 앞에서 민망하기도 했다. 하루는 마음을 먹고 윤호에게 나-전달법을 시도했다.

엄마 윤호야, 엄마 할 말 있는데 지금 시간 있어?

윤호 나 지금 숙제해야 돼.

엄마 그래, 숙제가 급하구나. 그럼 엄마랑 얘기할 수 있는 시간에 불러줘.

윤호 응.

(윤호가 숙제를 다 하고 저녁 9시쯤 방에서 나온다.)

윤호 엄마, 할 말이 뭐야?

엄마 (윤호의 손을 꼭 잡고 눈을 바라보며) 윤호야, 엄마는 네가 할머니, 아빠, 엄마한테 존댓말을 쓰지 않고 반말을 할 때 우리가 너의 또래 취급받는 것 같아서 자존심이 상해. 그리고 다른 사람들이 듣고 아빠, 엄마가 가정교육을 잘못 시켰다는 얘기를 들을까 봐 걱정돼.

윤호 아, 왜애~

엄마 아니… 엄마도 말하기 망설였는데 꼭 한 번은 해야겠다는 생각이 들어서 용기 내서 말해봤어.

윤호 알았어.

엄마 정말? 그렇게 할 수 있겠어?

윤호 아, 알았다고. 해보기는 할게.

엄마 그렇게 말해줘서 고마워. 엄마도 기대해볼게.

윤호 그런데 노력을 하는데도 잘 안 될 수도 있어…요.

엄마 그럼~ 엄마도 나한테 약속하고 못 지킬 때가 있었거든. 우리 같이 노력해보자.

윤호 응. … 넵.

부모 맘에 안 드는 자녀의 행동이 어디 한두 개일까요? 엄마는 윤호에게 예의범절에 대해 장황하게 설교하거나 혼을 내며 강압적으로 소통하지 않았습니다. 자신의 real want를 명확하게 전달하며 속마음을 차분히 설명한 후 칭찬을 통해 아이의 행동 변화를 이끌어 냈습니다.

모든 자녀 교육이 이렇게 동화처럼 끝이 나면 얼마나 좋을까요? 이렇게 했는데도 만약 윤호가 엄마의 의도대로 따라주지 않을 경우에는 어떻게 해야 할까요? 다음을 봅시다.

윤호 엄마, 할 말이 뭐야?

엄마 (윤호의 손을 꼭 잡고 눈을 바라보며) 윤호야, 엄마는 네가 할머니, 아빠, 엄마한테 존댓말을 쓰지 않고 반말을 할 때 우리가 너의 또래 취급받는 것 같아서 자존심이 상해. 그리고 다른 사람들이 듣고 아빠, 엄마가 가정교육을 잘못 시켰다는 얘기를 들을까 봐 걱정돼.

윤호 아, 왜애~

엄마 아니… 엄마도 말하기 망설였는데 꼭 한 번은 해야겠다는 생각이 들어서 용기 내서 말해봤어.

윤호 난 반말이 편해. 그리고 다른 애들도 다 반말하는데, 뭐. 그리고 할머니도 나한테 뭐라 안 하는데 왜 엄마가 난리야.

엄마 그러니까 지금부터라도 바꿔봤으면 하는 거야. 엄마 소원이야.

윤호 아, 싫어. 존댓말 쓰면 뭐 해줄 건데? **(교육할 때 이런 식의 '딜'은 가급적 자제해주세요.)**

엄마 그런데 윤호야. 왜 존댓말 쓰는 게 싫은데?

윤호 친구들은 다 안 쓰는데 나만 존댓말을 쓰면 우스워 보인단 말이야.

엄마 우스워 보인다니? 그게 무슨 말이야?

윤호 아, 약해 보인다고. 친구들이랑 있는데 엄마한테 존댓말을 쓰면 나만 범생이 같아서 싫다고.

엄마 그랬구나. 존댓말은 쓰면 범생이 같아 친구들한테 약해 보일까 봐 그게 싫었구나.

윤호 ….

엄마 그럼 어떻게 하면 윤호가 강해 보이면서도 엄마도 존중받는 기분이 들 수 있을까?

윤호 나 태권도 보내줘.

엄마 그러면 강해 보일까?

윤호 응, 우리 반 기현이는 검은 띠라 아무도 걔를 우습게 안 봐.

엄마 그랬구나. 윤호도 강하게 보이고 싶었구나.

윤호 응….

엄마 알았어. 엄마가 당장 알아보고 태권도학원 보내줄게.

윤호 응.

엄마 근데 너 태권도 다니면 강해 보일 텐데, 그래도 엄마한테 존댓말 안 쓸 거야?(웃음)

윤호 일단 다니고 나서 생각해볼게.

엄마 알았어. 엄마가 좋은 소식 기대해볼게!

윤호 ….

반영적 경청법과 나-전달법을 사용한다고 해서 모든 대화가 나의 의도대로 흘러가지는 않습니다. 다만 행동 변화의 선택권을 자녀에게 줄 뿐입니다. 그리고 좋은 자녀가 되고 싶은 자녀의 욕구에 호소하는 것입니다.

바로 앞의 사례처럼 자녀의 욕구가 강하거나 생각이 달라 대립하는 경우에는 6교시에 배울 환경 재구성, 제3의 방법 등의 대화 기술을 사용해야 합니다. 일단 이번 주까지는 나-전달법까지만 사용해서 조금씩 소통을 넓혀가시기 바랍니다.

다음은 다른 수강생의 사연입니다.

> 5살짜리 제 딸은 표현을 적게 하는 조용한 아이입니다. 말도 잘 듣고 하지 말라는 건 거의 하지 않는 모범생으로 잘 크고 있었고, 저는 완벽한 저의 육아 스킬에 뿌듯해하며 살아가고 있었습니다.
> 그러던 중 우연히 아이에게 성격검사, TCI 기질검사를 받게 해주었어요. 그런데 검사 결과, 놀이치료를 해야 할 정도로 심각하다는 진단을 받고 억장이 무너지는 것 같았습니다.
> 이후 놀이치료와 함께 부모 자녀 대화법 수강을 시작했고 이제 한 달이 지났습니다.
> 처음 2주간 앵무새 화법으로 '구나 구나'를 끊임없이 해줬어요. 그랬더니 그 조용하던 아이가 갑자기 화를 내고, 짜증을 내고, 울고불고하며 감정을 쏟아내는 겁니다.
> 알고 보니 저는 기가 센 엄마였더라고요. 그래서 그동안 아이가 입을 닫아버린 거였습니다. 항상 엄마의 기에 눌려 있던 제 아이는 어린이집에서도 감정 표현을 마음껏 하지 못하고 친구들에게도 눌려 지내고 있었다는 사실도 알게 되었습니다.

요새는 감정을 쏟아내는 아이를 보며 '더 해, 더 해, 더 해도 괜찮아'라는 마음으로 기다려주고 있습니다. 며칠 전에는 화를 내는 아이에게 이렇게 말해줬습니다. "엄마한테 어리광도 부리고 싶고, 어린이집에서 친구랑 싸운 얘기도 하며 엄마한테 편들어달라고 말하고 싶었을 텐데…. 그동안 엄마한테 말조차 못 걸었으니 얼마나 힘들고 답답했겠니…. 엄마가 그동안 미안했어." 이 말에 아이가 엉엉 울더라고요.

그 모습에 저도 아이를 끌어안고 펑펑 울었습니다. 얼마나 더 지나야 아이 마음이 풀어질지는 모르겠지만 저는 끝까지 할 수 있습니다. 저는 엄마니까요.

이 사례를 듣던 수강생들의 눈시울도 붉어졌습니다. 특히 자라면서 이 자녀와 비슷한 감정을 느꼈던 분들은 많은 생각이 들었다고 합니다. 어릴 적 부모한테서 과도한 제재, 차별, 무시를 당해 받은 상처가 성인이 된 지금까지도 남아 있는 경우가 생각보다 많습니다. 만약 그런 부모가 여러분에게 사과한다면 몇 번 정도 해야 마음이 풀릴 것 같나요? 한 번? 다섯 번? 열 번? 정답은 '풀릴 때까지'입니다.

다음은 어느 아빠의 고백입니다.

저는 성격이 급하고 MBTI 유형 중 T(사고형)와 S(감각형), J(판단형) 성향이 매우 강한 ISTJ 아빠입니다. 반면 딸아이는 감성적이고 따뜻한 ENFP 유형으로 저와는 반대 성향이지요. 몇 년 전 8살 딸에게 수학을 가르쳐준 적이 있습니다. 문제집으로 이론을 가르치고 연습 문제를 푸는 과정을 반복하고 있었는데요, 아이는 똑같은 유형에 숫자만 바뀐 문제를 못 풀더라고요. 몇 번이나 거듭 문제를 못 풀자 저의 목소리는 점점 강압적으로 변했고 아이는 더 주눅이 들었는지 답을 계속 틀렸습니다. 결국 저는 화를 참지 못하고 들고 있던 연필의 꼭지로 아이의 이마를 콕 찍었어요.

몇 달 뒤 어느 날, 함께 저녁을 먹던 아이가 이렇게 말했습니다.
"아빠가 전에 나 때렸잖아…."

수년간 육아하면서 물리적인 접촉으로 혼을 낸 건 그날의 연필 콕이 다였는데도 그것이 아이에게는 폭력으로 느껴졌나 봅니다. 저의 윽박지름은 아이에게 공포였을 것이고 결정적으로 연필 콕을 당해 자존감이 무너졌을 것입니다. 아이에게 너무 미안하더라고요. 그 뒤로 몇 년을 사과하며 살았는지 모르겠습니다. 풀릴 때까지…. 풀릴 때까지….

12살이 된 아이는 이제야 마음이 풀렸는지 "아빠. 그 얘기 이제 그만해. 나 괜찮아"라고 말해주었습니다.

이 연필 콕 사례는 누구나 아무 생각 없이 저지를 수 있는 육아 실수입니다. 하지만 수업을 들은 부모님들이 다른 점이 있다면 '풀릴 때까지 사과한다'는 것입니다. 혹시 자녀와의 대화 중 본의 아니게 상처 주었던 순간을 알아차리셨다면 자녀의 마음이 풀릴 때까지 거듭 사과해주시기 바랍니다. 다음 사례를 볼까요.

5살 둘째를 겨우 재웠는데 7살 민준이가 잠을 안 자겠다고 버텼습니다. 그 순간 나의 real want를 생각해보니 '쉬고 싶다'였어요.

엄마 민준이는 아직 자고 싶지 않고 엄마랑 더 놀고 싶구나?
민준 응. 엄마, 나랑 퍼즐게임 해요.
엄마 밤이 이렇게 늦었는데도 엄마랑 계속 놀고 싶어?
민준 엄마랑 하나도 못 놀았어. 엄마는 맨날 동생이랑만 놀 잖아!
엄마 우리 첫째 아들이 그렇게 느꼈구나. 그런데 엄마는 하루 종일 많은 일을 해서 지금 너무 쉬고 싶거든? 어떻게 할까? **(이렇게 아이가 방법을 생각하게끔 해주세요.)**
민준 그럼 10분만 놀아요.
엄마 그래, 그럼 딱 10분만 놀자. 대신 10분 동안 진짜 재밌게 놀아보자. 민준이가 하자는 대로 엄마는 다 할 거야.

제가 대화의 기술을 배운 지 벌써 한 달, 민준이와 갈등하는 일이 없어서 그런지 서로간의 대화가 눈에 띄게 아름다워졌습니다. 서로 부딪치지 않으니 마음이 여유로워졌고요. 아이가 저에게 손을 벌리면 잡아주고, 제가 손을 내밀면 아이가 잡아주기를 반복하며 편안하게 살아가고 있습니다.

사실 이런 상황은 일상에서 흔히 일어나지요. 아이가 약속을 지키는 모습을 보여주면 나-전달법과 칭찬을 동시에 해주세요. "약속을 지켜줘서 정말 고마워. 게다가 엄마를 쉴 수 있게 해줘서 그것도 정말 고맙다"라고요. 이것이 긍정적 나-전달법이며 칭찬의 나-전달법이라고도 합니다.

그러면 아이는 엄마를 위해 무언가 해냈다는 자부심을 느끼고 오랜만에 엄마를 독차지했다는 만족감도 느끼며 편안하게 잠들겠지요. 아마 내일이면 '동생에게 엄마의 사랑을 빼앗겼다'라는 감정도 많이 잦아들 겁니다. 엄마가 맏이인 자신을 사랑해주고 인정도 해줬으니까요.

5교시 2

나-전달법은 자녀에게만 써야 할까?

친구에게, 모임에서, 유아에게 활용하기

지금까지 배운 나-전달법 말고도 다양한 나-전달법이 있습니다. 긍정적 나-전달법, 자기개방적 나-전달법, 예방적 나-전달법, 주도적 나-전달법이 그것인데요, 하나씩 살펴보겠습니다.

먼저 '긍정적 나-전달법'은 부모의 나-전달법을 통해 자녀가 부모 의도대로 행동을 바꿔주었을 때 바로 연결해서 사용하는 대화법입니다. 특히 "미안해" "고마워" "사랑해"라는 표현을 아낌없이 사용하신다면 관계가 더 돈독해질 것입니다. 예를 들면 다음과 같습니다.

> 유치원에 가기 싫어하던 아이가 엄마의 real want를 듣고 유치원에 가기로 행동을 수정한 경우

"엄마 말 듣고 행동을 바꿔줘서 고마워. 사랑해."

빨랫감을 여기저기 놔두던 대학생 자녀가 행동을 바꿔준 경우
"고맙다. 네 덕분에 빨랫감 찾기가 쉬워졌어. 사랑해."

새옷을 입어보지 않고 사겠다던 자녀가 옷을 입어보기로 한 경우
"옷을 입어봐줘서 고맙다. 덕분에 엄마가 두 번 안 와도 돼서 참 좋아. 사랑해."

두 번째로 '자기개방적 나-전달법'은 평소 친구들 혹은 주변 사람들에게 내가 좋아하고 싫어하는 것을 분명하게 전달하는 대화법입니다. 예컨대 자신이 좋아하는 영화, 음식, 연예인 등등을 많이 얘기해서 알려주세요. 다시 말해 평상시에 가족이나 회사 동료 등 많은 시간을 함께 보내는 사람들에게 자신의 취향을 명확하게 전하는 것 자체가 나-전달법이자 '자기개방적 나-전달법'입니다. 다음과 같이 말할 수 있겠지요.

저는 걸 그룹을 좋아하고 쌀보다는 밀가루를 좋아합니다.
저는 신앙을 우선으로 두고 살며 가족의 행복을 중요시해요.
저는 산을 좋아해서 한 달에 적어도 한 번은 등산을 합니다. 산에서 내려와 막걸리와 도토리묵을 먹으면 얼마나 행복한지 몰라요.

세 번째는 '예방적 나-전달법'입니다. 갈등이 발생하기 전에 미리 차단하는 방법인데요, 다음 사례로 설명하겠습니다.

성현이는 고기를 너무 좋아해서 식탁에 고기 반찬이 없으면 밥을 먹지 않을 정도다. 하루는 엄마가 5가지 나물 반찬을 정성스레 준비했다. 엄마의 real want에는 아이의 균형 잡힌 영양 섭취도 있었지만, 그보다는 본인의 노력을 인정받고 싶었다.

나-전달법을 사용한 경우

엄마 성현아, 저녁 준비 다 됐다. 밥 먹자.

성현 (자리에 앉으며 퉁명스럽게) 고기 없어?

엄마 성현이가 오늘도 고기가 먹고 싶구나? 그런데 오늘은 엄마가 나물 반찬을 했어. 우리 오랜만에 비빔밥 먹자.

성현 나물 싫어! 고기 하나 구워줘! 안 그러면 나 밥 안 먹어!

엄마 네가 고기 없이 밥을 먹지 않겠다고 말을 하면, 엄마가 여러 가지 반찬을 만든 노력이 허사가 되는 것 같아서 실망스럽고 허무해.

성현 치… 고기 먹고 싶은데….

엄마 비빔밥 다 먹고 나면 엄마가 고기 한 쪽 구워주면 어떨까?

성현 알았어요…. (나물 반찬을 먹는다.)

엄마 와. 성현이가 나물 먹어줘서 고맙다. 엄마의 노력을 네가 인정해준 것 같아 너무 기뻐.

예방적 나-전달법을 사용한 경우

엄마 네가 고기가 있어야만 밥을 먹는단 걸 잘 알지만 이번엔 엄마가 나물 반찬을 정말 열심히 만들어봤어. 우리 아들이 엄마의 노력을 인정해줄까? 안 해줄까? 궁금하네~

마지막으로 '주도적 나-전달법'입니다. 상대가 나를 비난하거나 비판했을 때, 또는 요구하기나 상대의 부탁을 거절하기 곤란할 때 쓰는 방법으로, 일단 수긍과 인정, 사과를 한 다음에 나의 감정을 표현하는 것입니다. 다음과 같이 말이지요.

나 맞아. 네가 한 말이 상당 부분 맞네. 인정하고, 그것 때문에 섭섭했다면 미안하다. 그런데 나는 그 일을 맡아 하기가 너무 싫고 힘들었어. 나한테는 너무 어려운 일인데 그걸 해내야만 한다는 책임감에 힘들고 속상했어.

이 경우 먼저 나의 과오를 인정함으로써 갈등 상황을 멈춘 다음, 상대방의 행위를 비판하지 않는 '나-전달법'을 사용하였습니다. 상대는 내가 과오를 인정한 만큼 나를 향한 비난을 거둬들이게 되며, 나는 상대가 내 얘기를 듣게끔 유도하여 상황을 주도적으로 이끌어갈 수 있습니다.

이제 나-전달법의 대상이 아주 어린 경우, 즉 유아를 위한 나-전달법을 살펴보겠습니다. 소통의 30%는 언어적 전달이고 70%는 표정, 말투, 몸짓이라는 말이 있습니다. 이처럼 같은 말이라도 어떤 태도로 전달하느냐에 따라 받아들이는 사람의 감정이 달라집니다. 이를 소통의 비언어적 요소라고 하는데요, 특히 유아와 소통할 때 비언어적 요소는 중요한 전달 도구가 됩니다.

유아와 소통하는 문장은 간결하고 종류도 많지 않습니다. 대부분 상태를 나타내는 문장이지요. "배고파? 피곤하니? 오줌 쌌네? 이거 줄까? 저리 갈까? 아프니? 엄마가 해줄까? 목마르니? 안아줄까? 깜짝 놀랐지? 너무 춥구나!" 등으로 말입니다.

이런 유아에게도 나-전달법은 충분히 사용 가능합니다. 다음은 유아에게 반영적 경청법과 나-전달법을 사용한 수강생의 이야기입니다.

2살짜리 우리 둘째 아이는 예민해서 그런지 한번 울면 최소 5분씩 쉬지 않고 울어댑니다. 아이가 울면 처음에는 당연히 달래주지만 별것도 아닌 일로 크게, 오래 울다 보니 차츰 아이가 미워졌습니다.

퇴근하면 집에 가서 육아를 도와야 하니 제시간에 퇴근하기가 점점 싫어지더군요. 꼭 해야 할 야근이 아닌데도 잔업을 하거나 인터넷 서핑을 하며 시간을 보내곤 했습니다. 그렇게 둘째가 잠들었을 만한 시간에 집에 들어가는 경우가 점점 늘어났습니다.

이 수업을 들을 때는 '2살짜리 아이가 뭘 알겠어?' 하는 생각에 첫째 아이 위주로 연습을 했습니다. 그러다 최근 일주일 동안은 둘째에게 앵무새 화법으로 소통을 해봤습니다. 그랬더니 전에는 울었다 하면 내내 5분은 기본이었는데 점점 3분, 1분, 30초로 우는 시간이 줄어들었어요.

생각해보니 그전까지 저는 아이가 울면 지치고 짜증 나는 표정으로 "뭐가 그렇게 슬퍼서 우냐" 하며 달래줬더라고요. 그런데 첫째를 대하던 말투가 조금씩 습관이 되면서 우는 둘째에게도 "그랬구나, 슬펐겠구나" 하고 말하기 시작했고, 그러자 어느 날 아이가 고개를 끄덕이더니 울음을 멈추는 기적을 보여주었습니다.

저는 '어? 이게 되네?' 싶어서 말을 덧붙였습니다. "아빠는 네가 오랫동안 울면 어디가 아픈 건 아닌지 자꾸 걱정돼"라고 자주 말해줬더니 아이가 울음을 점점 더 빨리 그치더군요. 제 말을 전부 알아듣지는 못하겠지만 그 말을 하는 제 표정,

손길과 말투를 느끼는 게 아닐까 하는 생각이 들었습니다.

감정으로 소통하는 유아들은 말을 할 줄 아는 아이보다 부모의 감정을 더 많이 느낍니다. 낯선 사람이 안아줬을 때 발버둥치는 것만 봐도 좋고 싫음이 분명한 감정적 존재라는 것을 알 수 있지요. 그런 만큼 유아도 하나의 인격체로 존중해줘야 한다는 생각을 항상 가지고 있어야 합니다.

여러분의 유아 자녀가 고쳤으면 하는 행동이 있다면 다음 표에 작성해보세요. 그리고 아이가 알아듣건 못 알아듣건 언어를 통한 나-전달법을 사용해보시고 비언어적으로도 감정을 전달해봅시다. 그리고 어떠한 변화가 나타나는지도 확인해보시기 바랍니다.

유아 자녀에게 사용한 나-전달법 사례

고쳤으면 하는 유아의 행동	언어를 통한 나-전달법	비언어적인 나-전달법

5교시 3

배우자의 참여를 원한다면
5가지 욕구 자가 측정하기

부모 교육 강의를 들은 지 5주 차가 되면 자녀와의 관계 변화를 체감하기 시작합니다. 아직 익숙하진 않지만 열심히 해보려는 부모의 진심을 자녀가 알아차리고 마음이 조금씩 열리면서 행동 역시 달라지기 때문입니다.

이렇듯 자녀와의 관계는 호전되어 희망을 보는 반면, 배우자를 향해서는 불만이 쌓이는 경우가 적지 않습니다. 나만큼 노력하지 않고 있다는 사실에 슬슬 분노가 올라오는 것이죠.

나는 돈 들이고 시간 들여 이론도 배우고 화를 꾹꾹 누르며 한 달 동안 애쓰고 있건만, 저 사람은 집에서 핸드폰만 보며 특유의 틱틱대는 말투로 일관하고 있는 꼴이라니…. 도저히 참아주기가 힘들다고 많은 수강생이 토로합니다.

오랜 기간 부모님들을 상담한 경험으로 볼 때 자녀가 자기만의 문제로 비뚤어지는 경우는 거의 없습니다. 부모 사이에 문제가 있는 경우가 많지요. 부모가 자주 다툰다든지, 서로 대화가 없다든지, 오가는 말이 지극히 건조하다든지, 언어적 또는 비언어적 폭력을 쓴다든지 하는 등으로요. 자녀는 이런 부모를 보고 상처를 받아 마음을 닫은 경우가 대부분입니다. 그래서 부부가 함께 또는 차례로 책을 읽고 따라 하시기를 적극 권합니다.

현실치료의 창시자인 미국의 심리학자 윌리엄 글래서 William Glasser 는 인간의 욕구를 5가지로 구분했습니다. 생존의 욕구, 사랑과 소속의 욕구, 힘의 욕구, 자유의 욕구, 즐거움의 욕구가 바로 그것인데요, 저는 이것을 부부의 관계 형성을 중심으로 설명해보겠습니다.

사람은 저마다 지닌 욕구의 종류와 정도가 다릅니다. 욕구 차이가 큰 두 사람이 부부로 살다 보면 갈등이 생기게 마련이지요. 5가지 욕구 각각의 특징을 배우자 유형에 적용해보면 다음과 같습니다.

첫 번째로 생존 욕구가 높은 사람은 의식주와 돈, 건강 등 삶의 기본 조건들을 매우 중요시하며 심리적 안정감과 신체적 편안함을 추구합니다. 생존 욕구가 높은 사람 중에는 배우자에게 주는 생활비 한 푼, 커피 한 잔 값도 아끼려는 구두쇠형이 많습니다. 반대로 생존 욕구가 낮은 사람 중에는 가족 부양의 책임감이 낮고 '내가 안 해도 누군가 하겠지' 하는 책임회피형이 많습니다.

두 번째, 사랑과 소속의 욕구가 높은 사람은 '타인과 사랑하고 사랑받기'를 중시하며 배우자와의 관계에서도 항상 최선을 다합니다. 반면에 이 욕구가 낮다면 어떨까요? 배우자가 살갑게 굴어도 "닭살 돋게 왜 이래?" 하며 밀어내는 경우가 많습니다. 배우자가 싫어서가 아니라 사랑과 소속감을 중요하게 여기지 않아서입니다. 만약 사랑과 소속의 욕구가 높은 아내에게 남편이 이 욕구를 채워주지 못한다면 아내는 남편과 함께 있어도 항상 외로우며 심지어 이혼하고 싶다는 생각까지 자주 하게 됩니다.

세 번째, 힘의 욕구가 높은 사람은 성취감, 자신감, 자긍심을 중시하며 삶을 제어하는 힘이 곧 능력이라고 생각합니다. 부부 두 사람다 힘의 욕구가 높다면 서로 주도권을 잡으려고 많이 싸웁니다. 만약 배우자에게서 상대를 지배해야 만족하는 모습이 보인다면 그는 힘의 욕구가 강한 사람입니다.

네 번째, 자유의 욕구가 높은 사람은 한계와 구속을 싫어하고 선택의 자유, 독립의 자유를 중요하게 여깁니다. 아무리 바빠도 가끔은 친구를 만나거나 취미생활을 해야만 숨통이 트이는 사람이 이에 해당합니다. 자유 욕구가 채워지지 않으면 반항심이 커져 충동적 행동을 하는 경우도 종종 발생합니다.

다섯 번째, 즐거움의 욕구가 높은 사람은 기뻐하고, 웃고, 노는 것이 삶의 낙이며 이 감정을 유지하는 것이 매우 중요합니다. 이 유형의 사람들은 '난 인생이 즐거웠으면 좋겠어'라는 생각으로 살아가므로 이 욕구가 채워지지 않으면 우울이나 권태에 빠지기도 합니다.

  욕구 강도가 서로 다른 부부는 아주 흔합니다. 다만 부부가 서로 다름을 이해하고 인정하며 살아가는지, 아니면 다름을 이해하지 않고 인정해달라며 강요하고 다투며 사는지의 차이만 있을 뿐입니다.

  다음 사례는 생존 욕구가 높은 아빠, 그리고 자유 욕구 및 즐거움의 욕구가 높은 엄마 사이에서 자란 수강생의 이야기입니다.

> 제 아버지는 가족을 위해 항상 아끼고 희생하는, 전형적인 그 시절 아버지였습니다. 하지만 엄마는 좀 달랐어요. 하나를 먹어도 맛있는 걸 먹어야 하고 하나를 사도 좋은 물건을 사야 한다는 말씀을 자주 하셨고 돈 관리가 미숙했는지 생활비가 항상 모자라 아빠와 자주 다투셨습니다. 아빠와 엄마가 서로 욕하고 소리 지르고 화를 내며 신용카드를 잘라 버리고 밀치고 하던 모습이 기억에 생생하네요.
> 제가 예고 입시를 준비하던 중3 때, 아버지가 췌장암에 걸려 수명이 얼마 남지 않았다는 것을 알게 되었습니다. 저는 충격과 좌절감 때문에 예고 입학에 실패했고요. 그해 아버지는 돌아가셨습니다. 고등학생이 된 저는 철부지 소비왕 엄마와 어린 동생을 둔 가장 역할로 살았습니다. 그래도 열심히 공부했고 돈에 한이 맺혀서인지 은행에 취직했죠.
> 이후 결혼을 한 저는 두 아들을 낳았고 엄마한테 육아 도움

을 받고 싶었습니다. 그런데 엄마는 손자 돌보는 일이 힘들고 괴로웠는지 애들한테 자꾸 소리 지르고 혼을 내시더라고요. 급기야 어느 날 저는 엄마랑 크게 싸우고 우리 집에 다신 오시지 말라고 했습니다.

아직도 명품 가방에 해외여행파인 엄마는 그러고 보면 자유 욕구와 즐거움의 욕구가 너무 높은 사람이었나 봐요. 반면 아버지는 생존 욕구가 강했던 듯합니다.

요즘 독박육아를 하는 저는 남편을 보기만 해도 짜증이 슬슬 올라오고 화가 나기도 합니다. 남편이 다정하기는 한데 회사 일이 잘 안 풀리는지 항상 힘들고 지친 모습으로 들어오거든요. '육아 안 도와주려고 일부러 저러는 건가' 하는 생각도 들고, 가끔 가출하고 싶을 정도로 욱하는 날도 있죠. 하지만 아이들 얼굴 한번 보고 꾹 참기를 반복하며 살고 있습니다. 그래서인지 밤늦게 힘든 표정으로 퇴근한 남편에게 반영적 경청법, 나-전달법으로 말하기가 쉽지 않네요.

이 수강생에게 저는 다음과 같이 얘기해주었습니다.

"그 감수성 많고 어린 나이에 자주 다투는 부모 밑에서 살아가느라 얼마나 불안하고 무서웠을까요? 게다가 듬직한 아버지의 갑작스러운 죽음은 중학생 소녀에게 큰 충격이었을 것입니다. 하늘이 무너지는 그 마음을 감히 상상도 못하겠네요. 또 철부지 엄마와 동생을 보며 얼마나 불안했을까요. 그래도 이렇게 멋있게 커서 훌륭한 어른이 된 것에 박수를 보냅니다.

육아를 도와주지 못하는 남편을 보며 어릴 적 무책임했던 엄마의 모습이 떠오르지는 않나요? 수강생분은 일찍부터 가장 역할을 해야 했기에 아마도 생존 욕구가 강해졌을 것입니다. 게다가 힘없는 여고생이 철부지 엄마를 보며 느낀 분노의 감정 때문에 상대를 제어하려는 힘의 욕구도 길러졌을 테고요.

생존 욕구, 힘의 욕구가 강한 아내가 독박육아를 하고 있는데 남편이 못 도와준다? 용납이 안 되는 게 당연합니다. 그러니 남편에게 반영적 경청법, 나-전달법 사용이 안 되는 거겠죠.

어둡고 지친 표정으로 퇴근한 남편에게 한번 이렇게 말을 건네보세요. '당신, 밖에서 안 좋은 일이 있나 보네? 마음이 답답하겠다.' 이런 식으로 심플하고 짧은 반영적 경청법부터 해보면 조금 수월합니다. 그렇게 말을 걸어도 남편이 혼자 있고 싶어하는 기색을 내비칠 수 있겠죠. 그럼 '응, 혼자 있고 싶구나? 그렇게 해' 하고 방에서 나오세요. 그 순간 남편은 아내의 뒷모습이 짠해 보이면서 '아내는 내 편이구나' 싶은 생각에 조금은 풀어질 것입니다. 그러다 보면 남편의 혼자 있는 시간은 점점 줄어들 것입니다."

다음 표를 보고 나와 배우자가 지닌 욕구가 어느 정도인지, 그래서 그 사람이 어떤 행동을 했는지를 떠올리며 작성해보세요. 단, 비판 없이 적어야 합니다. 지금까지 배운 대화의 기술처럼 말입니다.

우리 부부의 욕구 자가 진단하기

1. 생존 욕구

구분	높음	중간	낮음	주로 하는 행동이나 말
나				
배우자				

2. 사랑과 소속의 욕구

구분	높음	중간	낮음	주로 하는 행동이나 말
나				
배우자				

3. 힘의 욕구

구분	높음	중간	낮음	주로 하는 행동이나 말
나				
배우자				

4. 자유의 욕구

구분	높음	중간	낮음	주로 하는 행동이나 말
나				
배우자				

5. 즐거움의 욕구

구분	높음	중간	낮음	주로 하는 행동이나 말
나				
배우자				

이 표의 내용을 작성하고 가만히 들여다보면 배우자와 내가 '다른 사람'이라는 걸 새삼 깨닫게 됩니다. '이래서 그때 싸웠구나' 하는 생각도 들고 '이래서 양보를 못 해줬구나' 하는 생각도 들지 않나요? 그냥 나와는 조금 '다른 사람'이라는 걸 그대로 인정해주면 나의 삶도 배우자의 삶도 한결 편안해집니다.

이 검사의 정확한 명칭은 '부부간 욕구 강도 검사'입니다. 더욱 명확하고 정밀한 검사가 필요하다면 주변 심리상담소에 방문해보시길 권합니다. 요즘은 원만한 결혼생활을 위해 심리상담소를 방문하여 이 검사와 해석을 받는 부부가 점점 늘어나는 추세이고 결혼을 앞둔 예비 부부도 검사를 받는 경우가 많습니다.

검사와 상담 과정에서 상대방이 왜 그런 욕구가 커졌는지, 또 어릴 적 슬픈 사연까지 알게 되면 서로를 이해하는 데 더욱 도움이 될 것입니다.

이렇듯 제가 부부간의 이해를 강조하는 이유는 결국 자녀 교육 때문이지요. 대화 기술도 중요하지만 그보다 더 중요한 건 아이 눈에 비친 부모의 모습이며 그런 가정환경에서 자란 아이와 그러지 못한 아이의 차이를 수많은 가정을 보고 확인했습니다.

그래서 간곡히 부탁드립니다. 지금 부부 중 한 분만 이 책을 읽고 계신다면 배우자에게도 꼭 이 책의 1~7교시 전체 과정을 권하고 이끌어주시기 바랍니다.

지금까지 배운 내용을 다시 한번 정리해볼까요? 반복만큼 좋은 선생님은 없으니까요.

1교시에는 문제의 소유자를 구분하는 방법을 배웠습니다. 자신이 많이 사용하는 걸림돌이 무엇인지 파악해보고 걸림돌을 사용하지 않으려고 노력했습니다.

2~3교시는 반영적 경청법이었죠. 처음에는 소극적 경청법인 ❶관심 보여주기 ❷침묵하기 ❸인정하기 ❹말문 열어주기를 연습했고 자녀의 마음을 그대로 읽어주는 '구나 구나' 앵무새 화법도 배웠습니다. 또한 ❶이유 ❷자녀의 감정 ❸나의 위로로 구성된 반영적 경청법의 완전한 문장을 사용하는 연습을 했습니다. 다음 사례 기억하시죠?

"엄마 아빠가 얘기할 때 너를 끼워주지 않는 것 같아" ❶이유

"외롭고 서운한 감정이 들어서 두렵고 싫구나." ❷자녀의 감정

"미리 말했어야 하는데 엄마가 미안해." ❸나의 위로

4~5교시에는 나-전달법을 배웠습니다. ❶ 비난 없는 행동 서술 ❷ 나에게 미치는 구체적 영향 ❸ 나의 감정으로 구성된 문장을 만들었는데요, 그러면서 나의 real want를 어떻게 찾아야 하는지도 알아봤습니다. 또한 반영적 경청법과 나-전달법을 번갈아 사용하는 기어 바꾸기 기술을 익혔습니다. 긍정적 나-전달법, 자기개방적 나-전달법, 예방적 나-전달법, 주도적 나-전달법과 함께 유아를 위한 나-전달법도 공부했습니다. 나-전달법의 완전한 문장도 기억하시죠?

"지금 유치원 가기 싫다면서 퍼즐을 한다면"
❶비난 없는 행동 서술
"원장님이 엄마는 아이를 대충 키운다고 생각할까 봐"
❷나에게 미치는 구체적 영향
"엄마는 너무 싫어."
❸나의 감정

갓 배운 대화 기술이 습관으로 자리 잡기까지는 분명 쉽지 않습니다. 그러나 지난 4주간 열심히 노력하셨다면 분명 자녀의 마음이 차

즘 움직였으리라 생각합니다. 아직 말투나 행동은 바뀌지 않았을 수 있지만 자녀의 마음속에 부모의 노력과 사랑이 스며들고 있으리라 믿습니다.

좀 더 도움이 되길 바라는 마음으로, 앞의 사례들에 등장한 나-전달법의 완전한 문장을 정리해놓았습니다. 핸드폰에 저장해놓고 틈틈이 익혀주시면 좋을 것 같네요.

자녀를 사랑하는 마음으로 가득한 부모님들이 열심히 공부하고 노력하여 만든 문장들입니다. 여러분도 이 문장들을 최대한 응용하며 따뜻한 마음으로 대화해보시기 바랍니다.

❶ 비난 없는 행동 서술	"네가 집에서 쿵쿵 뛰면"
❷ 나에게 미치는 영향	"아래층 사람들이 시끄럽다고 올라올까 봐 걱정돼."
❸ 나의 감정	"아빠는 아래층 사람들과 사이좋게 지내고 싶거든."

❶ 비난 없는 행동 서술	"네가 옷을 입어보지 않고 사면"
❷ 나에게 미치는 영향	"치수가 안 맞아 교환하러 오게 될 수 있고"
❸ 나의 감정	"그러면 엄마는 번거로워서 싫어."

❶ 비난 없는 행동 서술	"에어컨을 틀어놨는데 창문을 잘 안 닫으면"
❷ 나에게 미치는 영향	"전기요금을 더 많이 내야 해."
❸ 나의 감정	"아빠는 낭비가 싫고 돈 버는 입장에서 의욕이 떨어져."

❶ 비난 없는 행동 서술	"네가 연락 없이 늦게 들어와서"
❷ 나에게 미치는 영향	"일찍 오겠다던 나와의 약속을 안 지킨다고 생각해서"
❸ 나의 감정	"무시당한 느낌에 속상했어."

❶ 비난 없는 행동 서술	"쇼핑몰 갔다 카페 갔다가 집에 오면 7시쯤 될 텐데"	
❷ 나에게 미치는 영향	"그럼 아빠 저녁을 못 챙겨줄 것 같아서"	
❸ 나의 감정	"조금 불안해."	
❶ 비난 없는 행동 서술	"네가 빨기로 약속한 네 속옷을 방 여기저기 두면"	
❷ 나에게 미치는 영향	"빨랫감 구분이 힘들고 엄마보고 빨라는 것 같아서"	
❸ 나의 감정	"섭섭하고 힘들어."	
❶ 비난 없는 행동 서술	"네가 고기 없이 밥을 먹지 않겠다고 말을 하면"	
❷ 나에게 미치는 영향	"엄마가 여러 가지 반찬을 만든 노력이 허사가 되는 것 같아서"	
❸ 나의 감정	"실망스럽고 허무해."	

돌아올 일주일간 하실 숙제는 반영적 경청법, 나-전달법을 완전한 문장으로 더욱 숙련되게 구사하는 것입니다. 물론 기어 바꾸기 기술을 사용하면서요. 지난 일주일도 물론 잘 해오셨겠지만, 완전한 문장으로 계속 시도하다 보면 속도도 빨라지고 무의식적 숙련 단계로 발전할 수 있습니다.

오늘은 숙제가 하나 더 있습니다. 지금까지 소개한 사례들처럼 나만의 사례를 작성하는 것으로, 적어도 3개는 적어보시기 바랍니다. 이왕이면 자녀, 배우자, 주변 사람 등 다양한 대상에게 시도해보세요.

만약 변화가 일어나지 않았다면 무엇이 부족했는지 생각해볼 수 있을 것이며 변화가 일어났다면 다음번에도 성공할 수 있는 본인만의 참고서가 될 것입니다.

반영적 경청법과 나-전달법을 사용한 나의 사례

1	상황		
	대화 기술	반영적 경청법	
		나 전달법	
	상대방의 변화		

2	상황	
	대화 기술 — 반영적 경청법	
	대화 기술 — 나 전달법	
	상대방의 변화	

3	상황		
	대화 기술	반영적 경청법	
		나 전달법	
	상대방의 변화		

4	상황	
	대화 기술	반영적 경청법
		나 전달법
	상대방의 변화	

6교시

환경 재구성 & 제3의 방법

6교시 1

일주일간 어떠셨어요?

모범생 부모들의 사례 분석

이번 일주일간은 어떠셨나요? 완전한 문장으로 반영적 경청법, 나-전달법으로 기어 바꾸기 연습을 하느라 적잖이 힘드셨을 겁니다. 그래도 자녀들이 변하는 모습에 뿌듯함을 맛보셨길 바랍니다.

1교시 수업에서 잠깐 언급했지만, 아주 중요하기에 강조하는 차원에서 Here & Now(여기 그리고 지금)의 개념을 다시 정리해보겠습니다. 아이와 반영적 경청법, 나-전달법으로 대화하다 보면 아이가 "엄마, 지난번엔 괜찮다더니 오늘은 왜 뭐라 그래?"라고 말할 때가 있을 것입니다. 교육에 일관성이 없다는 이유로 포기하지 말아주세요. 감정과 말은 일관성이 없는 영역입니다. 다만 '바로 여기, 바로 지금' 일어난 문제와 나의 감정으로 말하는 것이 진실한 소통입니다. 다음 사례는 이 개념을 잘 보여줍니다.

제 고등학교 동창이자 절친의 아들은 학교에서 늘 전교 1등을 해서 모두의 부러움을 삽니다. 그날도 동창 모임 후 의기소침해져서 집에 들어왔는데 그 애와 동갑인 우리 아들은 늘 그랬듯 소파에 엎드려 핸드폰 게임을 하고 있네요. 저는 아이에게 등짝 스매싱을 날리고 소리를 질렀습니다.
"야, 이 녀석아! 너 숙제는 다 하고 이러는 거야?"
며칠 후, 회사 동료의 아들이 친구들이랑 여행을 갔다가 교통사고를 당해 병원으로 이송 중 세상을 떠났다는 소식을 듣고 장례식장에 다녀왔습니다. 부모가 자식을 잃고 영정 앞에 서 있는 모습은 정말 가슴 아팠습니다. 그렇게 동료들과 함께 한참을 울다 집에 왔더니 아들이 소파에 엎드려 핸드폰 게임을 하고 있었습니다. 저는 조용히 옆에 앉아 아들의 등을 쓰다듬으며 말했습니다.
"우리 아들, 아빠가 많이 사랑해. 건강히 지내줘서 정말 고맙다…."

이때 아들이 자기는 그전과 똑같이 게임을 하고 있는데 그 모습을 대하는 아빠의 행동은 상반되어 혼란스럽다고 불평할 수도 있습니다. 그러면 있는 그대로 설명해주시면 됩니다.

"며칠 전에는 아빠 동창 모임에서 항상 전교 1등 하는 아들 자랑을 듣고 와서 속상한 마음에 혼을 낸 거였고, 오늘은 아빠 회사 동료의 아들이 교통사고로 죽어서 장례식장에 다녀왔는데 너를 보니 반갑고 건강하게 지내는 것만으로도 고맙다는 생각이 들었어. 아빠 이상하지?"

이렇게 설명했을 때 아들은 충분히 이해해줄 것입니다. 자녀만 그럴까요? 친구, 선배, 동료, 심지어 처음 보는 사람이라 할지라도 진솔하게 설명한다면 누구든 납득하고 헤아려주기 마련이지요. Here & Now! 일관성이 없어도 괜찮습니다. 진실한 마음을 전했을 때 이해하지 못할 사람은 없으니까요.

다음은 고등학생 딸을 둔 엄마 수강생의 후기입니다.

저는 큰딸에게 "엄마가 요즘에 너랑 잘 지내고 싶어서 화요일마다 대화법을 배우고 있어"라고 말을 한 상태였어요. 그날은 딸과 함께 밤 운동을 다녀오는 길이었습니다.
제가 "밤에 너랑 운동을 같이 다니니까 무섭지도 않고 같이 시간을 보낼 수 있어서 너무 좋다"라고 했더니 딸이 "나도 엄마랑 같이 운동하니까 뿌듯하기도 하고 엄마랑 얘기하는 시간이 많아진 것 같아 더 좋아"라고 하더라고요. 그러더니 "근데 엄마, 이것도 배운 거야?" "이번 주에는 무슨 말 배웠어? 나도 더 배우고 싶어"라고 물었고, 나중에는 "엄마, 엄마가 내 엄마여서 너무 행복해. 고마워"라고 하네요.

대화법을 바꾼 지 한 달 정도밖에 안 되었는데도 이처럼 관계가 좋아지는 경우가 많습니다. 특히 자녀가 어릴수록 효과는 더 뚜렷하게 나타납니다. 엄마 아빠가 자녀인 자신과의 관계 향상을 위해 뭔가 배우고 있다는 사실, 달라지려고 노력하고 있다는 사실을 알고 느끼면 처음에 의심했더라도 차츰 받아들이고 인정하게 됩니다.

수강생 후기를 두 편 더 볼까요.

엄마와의 스킨십을 좋아하는 9살 딸이 무더운 날씨에도 자꾸 안아달라고 하네요. 그래서 딸에게 말해주었습니다.
"이렇게 덥고 습한 날씨에 네가 안아달라고 하니까 엄마가 더 덥고 불쾌해져서 조금 힘들어."
그랬더니 전에는 툴툴대던 아이가 이렇게 말하네요.
"그래? 알았어요. 그런데 엄마가 이렇게 설명을 해주니까 기분이 나쁘지가 않네~"

저는 승진에서 밀리는 바람에 후배가 직속 팀장이 되었습니다. 인사발령 후 팀의 첫 회식을 하루 앞둔 날, 밤사이 어머니가 갑자기 편찮으신 바람에 다음 날 아침 일찍 응급실에

모시고 가야 하는 상황이 됐습니다. 평소 같으면 팀장한테 메시지로 간단히 상황만 전해서 양해를 구했을 텐데, 그렇게 하면 혹시라도 팀장이 내가 승진 누락으로 맘이 상해서 일부러 피한다고 생각할 수도 있을 것 같았어요. 그래서 나-전달법을 사용해 메시지를 보냈습니다.

"최 팀장님, 너무 미안한데 아침에 어머니 모시고 응급실을 가야 해서 출근을 못할 것 같아. 내일 팀 첫 회식인데 내가 분위기 망치는 것 같아 속상하고 너무 미안하다…."

그랬더니 이렇게 답장이 왔습니다.

"아닙니다, 선배님. 가족이 제일 우선이죠. 어머님 잘 챙겨드리고, 다음 주에 뵈어요."

그날 팀장은 저를 배려하는 마음에 팀 회식을 연기했고 지금은 서로 존중하고 배려하며 잘 지내고 있습니다.

이처럼 대화의 기술은 아이뿐 아니라 성인에게도 영향을 줍니다. 평소 사람을 많이 대하는 직업인 민원 담당 공무원, 학교 선생님에게도 필요하고 조직 내 협업이 많은 직장인이나 영업사원에게도 필요한 기술입니다. 적절한 대화법을 통해 자녀나 배우자와 관계가 좋아졌다면 이제부터는 사용 범위를 조금씩 넓혀보시기 바랍니다.

6교시 2

대화만으로 해결되지 않을 때는 이렇게
환경 재구성 기술의 개념과 효과

이번 시간에 배울 것은 대화법이 아닌 행동을 통한 실천입니다. 환경 재구성 기술은 자녀가 고쳤으면 하는 문제가 있을 때 환경을 약간 바꿔서 문제를 해결하는 방법입니다. 사실 대다수 부모가 이미 무의식적으로 이 기술을 활용하고 있는데요, 그래도 이론을 알면 자녀에게 훨씬 더 부드럽게 전달할 수 있을 것입니다.

환경 재구성 기술은 4가지 요소로 구성되어 있습니다. 즉 ❶더해주기 ❷정돈해주기 ❸바꿔주기 ❹계획하기입니다. 각 요소를 차례로 알아볼까요.

❶더해주기는 이를테면 옷 정리를 못하는 아이에게 옷장이나 옷걸이 등을 '함께' 골라 제공하는 방법입니다. 말하자면 소소하게 환경

을 바꿔주는 것으로, 가령 이런 경우입니다. 중3 아들이 엄마가 옷 정리해주는 걸 싫어합니다. 그래서 아들 방 한구석에는 옷이 항상 너저분하게 쌓여 있었지요. 엄마는 손님이 집에 오면 엄마를 흉볼까 봐 신경이 쓰여 아들에게 빨랫감 상자를 놓자고 제안합니다. 그래서 아들과 함께 상자의 모양과 색깔을 골라 구매했고, 그렇게 며칠이 지나자 아이도 금방 익숙해져서 옷 정리 문제가 해결되었습니다.

이런 식으로 소품 등을 약간 더해줌으로써 문제를 해결하는 방법이 더해주기입니다. 모래놀이를 좋아하는 아이에게 베란다, 돗자리, 모래상자를 마련해주는 것은 공간 더해주기가 되며, 하루 종일 집안을 뛰어다니는 아들을 축구교실에 보내는 경우는 활동 범위를 더해준 예입니다.

오른쪽 표에 더해주기 사례를 작성해봅시다. 자녀나 배우자를 대상으로 한 문제 상황을 적고, 그 해결법으로 택한(또는 가능한) 더해주기의 예를 적어보세요.

❷ 정돈해주기는 기본적으로 '줄이고 축소하고 제한하는' 방법입니다. 일례로 옷이 넘치도록 많은데 옷을 또 사야겠다는 고등학생 딸아이에게, 반영적 경청법과 나-전달법을 써서 설득한 뒤 함께 옷 정리를 시작했습니다. 그러자 딸은 "어? 이게 있었네!" 하며 잊고 있던 옷을 찾기도 했고 "역시, 얇은 티셔츠 하나는 사야겠어" 하며 꼭 필요한 옷이 무언지도 알게 되었습니다. 앞으로 옷이 잘 보이게 정돈 상태를 유지한다면 불필요한 소비도 줄일 수 있겠지요. 다음 사례도

환경 재구성 유형별 나의 사례

대상	문제 상황	더해주기 사례

'정돈해주기'에 해당합니다.

> 그동안 모아온 인형이 80개가 넘는 딸아이, 작은 인형 하나도 버리지 못하게 합니다. 침대 위에만 인형이 20개가 있지요. 저는 아이에게 이렇게 말해주었습니다.
> "네가 이제 많이 커서 침대가 점점 좁아지고 있네. 그리고 인형은 먼지를 많이 일으켜서 호흡기가 안 좋은 너와 엄마 둘 다 감기에 걸릴까 봐 엄마는 걱정이 돼."

반영적 경청법과 나-전달법을 통한 설명을 아이가 받아들이기 시작하면 정돈해주기를 적용해보세요. 앞의 인형 많은 자녀 사례에서는 "그러면 어떻게 하면 좋을까?"로 시작해 결국 '침대 위 인형은 5개로 제한하고 대신 언제든 다른 인형으로 바꿀 수 있다'라는 규칙을 함께 정했습니다.

정돈해주기의 다른 예로는 밤에 잠자리에 들 때 핸드폰으로 노래를 틀어놓고 자면 숙면에 방해가 되므로 노래 듣기를 제한하는 것, 자녀가 공부할 때는 방해받지 않도록 남편이 거실에서 TV를 보지 않게 제한하는 것 등이 있습니다. 모두 규제를 통해 주변 환경을 정돈해주는 것입니다.

각자 가정에서 자녀 또는 배우자를 대상으로 한 문제 상황과, 이를 해결하는 정돈해주기 방법을 다음 표에 함께 작성해보세요.

환경 재구성 유형별 나의 사례

대상	문제 상황	정돈해주기 사례

다음으로 ❸바꿔주기는 문제 해결을 위해 도구, 시간, 공간 등을 바꿔주는 방법입니다. 대개 편리함을 위해 바꾸는 경우와 안전성을 위해 바꾸는 경우로 나뉩니다.

예를 들면 키가 작은 어린 자녀를 위해 거울을 낮은 위치로 옮겨 달기, 세면대 물컵을 아이에게 맞게 손잡이가 있는 작은 컵으로 교체하기 등은 편리함을 위한 바꿔주기에 속합니다. 또, 항상 뛰어다녀 발을 자주 다치는 자녀를 위해 발에 걸릴 우려가 있는 물건을 선반 위로 옮기기, 감전 위험이 있는 전기 콘센트 위에 덮개 달기, 상비약이 든 서랍에 자물쇠 달기 등은 안전성을 높이는 바꿔주기에 해당합니다.

아시다시피 이는 새로운 방법이 아니고 여러 부모님이 이미 일상적으로 사용하는 방법이지요.

❹계획하기는 자녀에게 기본 정보를 제공하고 계획을 도와 스스로 해결하는 능력을 길러주는 방법입니다. 이 방법은 문제 해결에 도움이 되면서 교육 효과 또한 높은 방법입니다.

계획하기를 적용한 수강생의 사례를 소개합니다.

초5 아이가 이런저런 학원에 다니기 시작한 지 1년이 넘었습니다. 하루는 "오늘 과학학원 몇 시에 끝나?" 하고 물었더니 모른다고 하더군요. 몇 주 뒤에 "오늘 아빠가 데리러 갈 건데, 이따 학원 몇 시에 끝나?" 했더니 또 모른다고 대답했습니다.

환경 재구성 유형별 나의 사례

대상	문제 상황	바꿔주기 사례

아이는 순종과 복종에 익숙해서 쳇바퀴 속 다람쥐처럼 학원 뺑뺑이의 삶을 살고 있었나 봅니다. 안 되겠다 싶어 저는 아이와 함께 앉아 일주일 시간표를 그리고 학원에 가지 않는 시간에는 간식을 먹을지, 또는 뭘 할지 상의하며 칸을 채워나갔습니다. 그 뒤로는 조금씩 대답을 하기 시작하더군요. 그전까지는 아무 생각 없이 학원 가라면 가고 끝나면 오기를 반복하던 아이가 그렇게 차츰 변화를 보였습니다.

지난 주말에는 한 페이지에 일 년이 그려진 달력을 하나 사서 아이와 함께 작성했습니다. 먼저 가족들의 생일을 적고 가족여행 일정도 표시했습니다. 방학 기간을 색으로 칠하고 주니어 토플 시험 날짜도 표시하며 전체적인 연간 계획을 함께 채웠지요. 다 지켜질지는 모르겠지만 일단 계획을 짜고 스스로 준비하는 습관이라도 길렀으면 합니다.

이런 방법 외에 화이트보드에 이번 주 할 일 적기, 책상에 타이머 놓기 등으로 더 촘촘한 시간 관리 계획을 세울 수도 있습니다.

지금까지 환경 재구성 기술 4가지를 설명했습니다. 이미 실천하고 계신 육아 방법을 구분한 정도였는데요, 여기서 가장 중요한 건 '함께'입니다. 일방적인 지시는 자녀의 반감을 일으킬 확률이 높겠죠? 자녀의 특정 행동을 바꾸고 싶을 때, 지금까지 익힌 대화 기술을 사

환경 재구성 유형별 나의 사례

대상	문제 상황	계획하기 사례

용해 자녀가 스스로 필요성을 느끼게 한 다음 함께 환경 재구성을 해본다면 해결에 도움이 될 것입니다.

여기까지 배운 방법으로도 해결되지 않았다면 또 다른 해결책으로 '제3의 방법'이 있는데요, 바로 배워보도록 하겠습니다.

6교시 3

문제 해결의 마지막 기술
제3의 방법의 개념과 효과

갈등을 겪고 있는 두 개체는 서로 다른 힘을 갖고 있습니다. 나와 어린 자녀, 나와 사춘기 자녀, 나와 대학생 자녀 등 각자의 시기에 따라 힘의 정도가 다르며 나와 배우자의 경우에도, 친구, 직장 동료, 연인과의 사이에서도 마찬가지입니다.

갈등하는 두 개체의 힘이 다를 때, 그 힘을 대하는 문제적 반응에는 3가지 유형이 있습니다. 싸움, 도피, 복종이 그것입니다. 맞서 싸우고 대드는 반응이 싸움형이라면 학교에서 늦게 오거나 집에 들어오자마자 방으로 숨어버리는 것은 도피형, 그리고 무조건 당신 말이 맞다며 따르는 것이 복종형이지요. 이 중에서 복종형이 가장 무섭습니다. 왜 그럴까요? 도무지 속을 알 수 없어서입니다. 싸움형은 차라리 속은 보여주잖아요. 아무튼 세 반응 유형 모두 힘의 차이에서 생겨난 비민주적인 행동입니다.

이렇듯 힘이 다른 두 개체의 문제를 해결하는 방법으로 3가지를 들 수 있습니다. 제1의 방법인 권위적인 방법, 제2의 방법인 허용적인 방법, 제3의 방법인 민주적인 방법이 그것입니다.

제1의 방법(권위적인 방법)

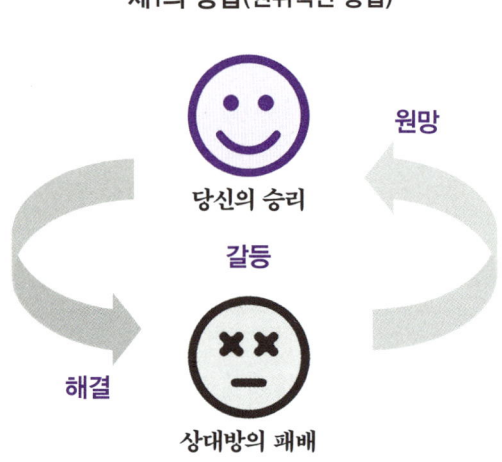

이 그림과 같이 제1의 방법은 자녀와의 관계에서 상대적으로 힘이 센 부모가 승리하는 경우입니다. 부모는 강한 힘으로 자녀를 억압함으로써 승리하여 우월감을 느끼고 자녀는 패배하여 좌절감을 느낍니다. 자녀가 늘 패배감을 느꼈다면 자존감이 낮은 상태가 장기간 이어졌을 것입니다. 부모는 문제를 해결했다고 여기겠지만 자녀는 부모를 향해 분노와 원망의 감정을 품게 되었고 둘 사이의 갈등은 여전히 남아 있는 상태입니다.

갈등 해결을 위한 제1의 방법에 해당하는 것으로는 엄격한 귀가 시간 제한, 일방적인 생활 규제, 과한 벌금제 등이 있습니다.

이 방법을 겪은 수강생의 사례를 들어보겠습니다.

> 엄마는 어린 저에게 피아노 연습을 혹독하게 시켰습니다. 방에 가둬놓고 하루 4시간씩 피아노를 치게 했어요. 덕분에 저는 화장실 가고 싶은 욕구를 잘 참는 능력을 갖게 되었죠. 고등학교 때 피아노 전공을 포기한 저는 지금 아이 둘을 키우는 평범한 엄마입니다. 아직도 피아노만 보면 그때가 생각나 치가 떨립니다. 사실 그 당시에도 4시간 내내 열심히 하지는 않았습니다.
>
> 저 역시 부모가 되었는데도, 그리고 엄마가 70대 노인이 되었는데도 저는 엄마가 너무 미웠습니다. 그래도 돌아가시기 전에 엄마와의 갈등을 해결하고 싶어서 이 강의를 듣기 시작했습니다. 그러면서 엄마한테 반영적 경청법, 나-전달법 등 모든 대화법을 시도했어요.
>
> "엄마, 그때 생각나세요? 피아노 치라고 저를 방에 가두고 문을 잠그셨잖아요. 그때 제가 어떤 생각을 했을 것 같아요?"
>
> 그러자 엄마는 다 저를 위해 그런 거라며 화를 내고 핑계를

대셨지요. 저는 포기하지 않고 꾸준히 나-전달법으로 대화를 시도했습니다.

그러기를 몇 년째, 어느 날부턴가 엄마가 조금씩 핑계를 접어두고 인정하는 모습을 보이시더니 나중에는 이렇게 말씀하셨습니다. "내가 그렇게 무섭게 했었니? 엄마가 그렇게 마음고생을 시켰다고? 그 정도였을 줄은 몰랐네. 미안하다." 이말을 듣고도 앙금이 다 사라지진 않았지만 그래도 엄마를 많이 용서했습니다.

이렇듯 권위적이고 억압하는 육아 방법으로 받은 상처는 성인이 되어서도 치유되기가 쉽지 않습니다. 일례로 막장 드라마에 나오는 자녀의 반전 복수극을 봐도 원인으로 흔히 작용하지요. 뉴스를 보면 선생님한테 억울하게 따귀를 맞고 성인이 되어 찾아가 복수한 사건이 있는가 하면, 엄격한 아빠의 밤 9시 통금 규칙 때문에 대학 시절 추억도 친구도 없는 딸이 훗날 늙고 병든 아빠를 방치한 사건도 있습니다.

다음은 제2의 방법 즉 허용적인 방법입니다. 제1의 방법에서와 반대로 자녀가 승리한 경우라 할 수 있습니다. 예컨대 어린 자녀가 대형 마트 바닥에 드러누워 떼를 써서 결국 부모한테 원하는 것을 얻어내는 경우, 고등학생 아들이 자기 말을 들어주지 않으면 가출, 자해, 폭행 등을 하겠다고 협박을 해 부모의 뜻을 꺾는 경우 등입니다.

대화를 통해서가 아닌 떼를 쓰고 협박하면 승리한다는 경험을 하

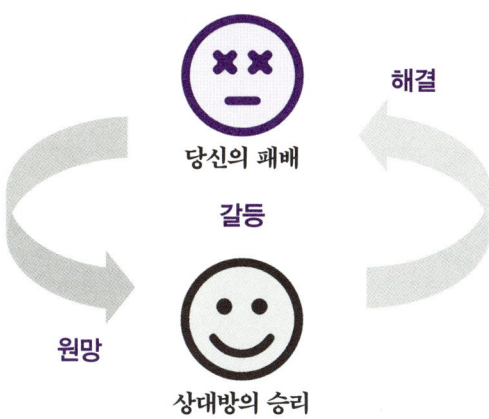

며 자란 자녀들은 이기적이고 배려심이 부족하기 쉽습니다. 학교생활 등의 단체생활에 적응하기 어려운 경우도 많고요.

그렇다면 제2의 방법을 겪은 부모는 어떨까요? 패배를 인정하고 받아들일 수 있을까요? 부모는 자녀를 원망하게 되고 '내가 이렇게밖에 못 키웠나?' 하는 자괴감이 들 것입니다.

결국 부모 자녀 간 발생한 갈등은 전혀 해결되지 않은 겁니다. 이처럼 제1의 방법과 제2의 방법 모두 상대를 힘으로 누른 경우로, 패배한 쪽은 좌절과 원망을 안고 살게 됩니다.

마지막으로 알아볼 제3의 방법(민주적인 방법)은 갈등 해결을 위한 가장 합리적인 방법입니다. 다음 그림(206쪽)을 보면, 앞의 두 그림과 달리 원망, 패배라는 단어가 없습니다. 또한 양쪽 모두에게 만족감

제3의 방법(민주적인 방법)

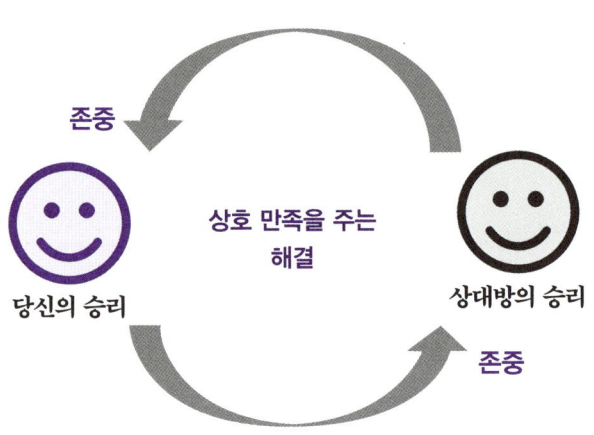

을 주는 해결 방법을 찾았기 때문에 서로 존중하는 관계가 유지됩니다. 사례를 통해 알아볼까요.

> 용돈을 올려달라는 중3 아들. 빠듯한 생활비에 엄마는 난감하기만 하다.

아들 엄마, 저 용돈이 너무 적어요. 올려주세요.
엄마 용돈이 부족하다고 느끼는구나.
아들 네, 친구들 중에서 나처럼 용돈 적은 애가 없어요.
엄마 그랬구나. 그동안 네가 적은 용돈으로 지내느라 노력 많이 했구나.

아들 네. 한 달에 30만 원 받는 애도 있어요. 저는 용돈이 항상 모자라서 편의점에 가면 싼 것만 골라 먹으며 지내고 있어요.

엄마 그랬구나. 친구들이랑 같이 편의점 가서 너는 싼 것만 골라 먹으려다 보니 창피하고 친구들이 부러웠겠구나.

아들 맞아요. 가끔은 서글퍼지더라고요.

엄마 그래, 서글프기도 했겠네. 엄마 얘기를 좀 해볼게. 사실 아빠 월급이 조금 줄었어. 그래서 엄마도 생활비를 줄여 아껴 쓰고 있거든. 용돈 올려달라는 네 말에 엄마는 가슴이 철렁했어.

아들 그래요, 엄마? 우리 집이 그렇게 어려운지 몰랐네요. 근데 저는 10만 원이 더 필요해요…. 10만 원만 올려주세요.

이와 같이 엄마가 반영적 경청법과 나-전달법을 구사했는데도 아들이 계속 요청하자, 엄마는 제3의 방법을 시도해보았다.

엄마 그러면 어떻게 하면 좋을까? 엄마는 10만 원이 너무 부담인데, 다른 방법은 없을까?

아들 저는 꼭 10만 원이 더 필요해요….

엄마 그럼 어떻게 해결하면 좋을까? 엄마도 용돈 지출을 더 늘릴 수가 없거든.

아들 그럼 다른 지출을 줄이면 어때요?

엄마 어떤 지출?

아들 옷이나 화장품, 아님 제 학원비?

엄마 엄마 옷, 화장품 거의 안 사. 그리고 네 학원비를 줄이는 건 좀 아닌 것 같다.

아들 그럼… 치킨이나 피자 같은 배달음식을 좀 줄이면요?

엄마 그건 노력해볼 수 있어. 엄마가 만들어준 음식을 먹으면 우리 가족 건강도 좋아질 거고.

아들 그럼 저도 앞으로 배달음식 주문해 먹자는 말을 좀 줄일게요.

엄마 좋아, 굿 아이디어. 그럼 일단 다음 달부터 용돈 10만 원 올려줄게. 만약 약속이 잘 지켜지지 않으면 다시 의논하자.

아들 네 엄마, 고마워요. 저도 노력할게요!

이 사례에서 엄마의 바람 want은 10만 원의 추가 지출을 하지 않는 것이었고 아들의 바람은 용돈 10만 원 추가였습니다. 이렇게 둘 다의 바람을 모두 충족하는 것이 제3의 방법이며 이를 윈윈 win-win 방법이라고도 합니다.

만약 이렇게 해결했다면 어땠을까요?

엄마 그러면 어떻게 하면 좋을까? 엄마는 10만 원이 너무 부담인데, 다른 방법은 없을까?

아들 저는 꼭 10만 원이 더 필요해요….

엄마 그럼 어떻게 해결하면 좋을까? 엄마도 용돈 지출을 더 늘릴 수가 없거든.

아들 그러면 일단 5만 원만 올려주시고 아빠 월급이 오르면 그때 5만 원 더 올려주시면 어때요?

엄마 그래볼까? 네가 그렇게 양보해준다면 엄마도 더 아껴가며 생활해볼게.

아들 네, 엄마.

이 경우는 엄마도 양보, 아이도 양보한 것으로, 둘 다 바람을 충족한 것은 아니고 타협한 경우입니다. 이 역시 갈등 해결일 수는 있지만 이것은 제3의 방법에 해당하지 않습니다. 제3의 방법으로 해결책을 찾는 것이 최우선입니다. 물론 정 어렵다면 앞서와 같이 타협을 통해 일시적으로 봉합하는 것도 하나의 방법이기는 하지만, 어렵더라도 제3의 방법을 찾는 습관을 기르시기를 적극 권합니다.

이 과정에서 지켜야 할 것이 있습니다. 상대가 해결책을 제안할 때 그것을 평가하거나 비난하지 않고 최대한 인정해주어야 합니다. 제3의 방법을 민주적인 방법이라고 부르는 이유가 여기에 있습니다. 또한 최종 해결책을 선택할 때는 두 사람 모두 만족하는 해결책을 택

해야 합니다. 만약 두 사람 모두 만족하는 해결책을 찾지 못했다면 시간을 갖고 다시 시도하시기 바랍니다.

제3의 방법이 가장 바람직한 이유는 무엇일까요? 실질적인 해결책을 찾을 수 있어서이기도 하지만 자녀는 이 방법을 통해 민주적 의사결정 과정을 경험하는 한편 원원으로 성취감을 얻으며, 다양한 아이디어를 통해 문제를 해결하는 능력을 기를 수 있습니다. 또한 타인의 욕구도 중요하다는 것을 깨닫게 되지요. 이 모든 것이 자녀가 앞으로 사회를 살아가는 데 꼭 필요한 소양이 될 것입니다.

여기 또 하나의 사례가 있습니다. 수업 중 가장 많이 언급되는 핸드폰 사용 규칙에 관한 사례입니다.

'주말에는 하루에 2시간만 핸드폰 사용하기' 규칙을 정했는데 자주 어기는 초4 은우. 오늘도 2시간 넘게 핸드폰 게임을 하고 있다.

엄마 은우야, 오늘 엄마가 너랑 얘기하고 싶은 게 있어.
은우 뭔데요?
엄마 은우가 핸드폰 사용 시간 규칙을 지키지 않으면 엄마는 계속 너를 지켜봐야 돼서 피곤하고 신경이 쓰여.
은우 거의 끝나가요. 이것만 하고 그만할게요.
엄마 그래? 그럼, 약속 지켜줘.
은우 …. (게임 중)

(핸드폰 게임이 끝난 후)

엄마 은우야, 약속 지켜줘서 정말 고마워. 대견하다, 우리 아들.

은우 끄응. 더 하고 싶다.

엄마 더 하고 싶구나. 핸드폰 게임 2시간 규칙을 지키는 게 많이 어렵지?

은우 네, 다른 애들은 규칙 같은 거 없대요. 왜 나만 지켜야 해요?

엄마 네가 핸드폰 게임을 많이 하면 숙제를 다 하지 못하게 되는데, 엄마는 그러면 선생님이 엄마를 아들 교육에 신경도 안 쓰는 사람으로 생각할까 봐 싫어.

은우 그건 알겠는데요, 2시간은 너무 적어요.

엄마 그럼 어떻게 하면 좋을까?

은우 시간 늘려주세요. 3시간으로!

엄마 게임을 3시간 하면 숙제를 못하게 될 거야. 그건 좋은 방법이 아닌 것 같아.

은우 그럼 숙제 다 하면 3시간 해도 돼요?

엄마 그럼 잠이 부족해져서 아침에 늦잠 자게 되잖아.

은우 그럼 어쩌라고요.

엄마 네가 절약할 수 있는 시간은 뭐가 있을까? 그걸 찾아 보자.

은우 학교에서 집에 올 때 친구들이랑 놀면서 오는 거?

엄마 또 뭐가 있을까?

은우 집에 와서 간식 먹으며 TV 보는 시간? 아니면 저녁 먹는 시간?

엄마 그럼 1시간 정도 줄일 수 있을까?

은우 노력하면 될 것도 같아요.

엄마 그럼 한번 해보자. 만약 잘 지켜지지 않으면 그때 다시 상의해보자.

은우 아싸, 1시간 추가!

엄마의 바람인 숙제하는 시간 유지와 아이의 바람인 핸드폰 사용 1시간 연장 모두 충족해 윈윈한 사례였습니다. 핸드폰 사용 문제는 모든 가정의 갈등 요인입니다. 그동안 배운 기술을 총동원해도 두 개체 각자의 욕구를 해결하기 힘든 문제이며 제3의 방법으로 함께 규칙을 만든다 해도 금방 깨질 수 있습니다. 왜냐하면 부모조차, 어른조차 그 규칙을 지키는 게 쉽지 않으니까요. 그럴 때는 "왜 안 지켜졌을까?" "다른 해결책은 뭐가 있을까?" 하고 다시 제3의 방법으로 도전해보세요.

틈만 나면 핸드폰을 만지작거리는 승빈이. 엄마는 승빈이가 꼭 필요할 때만 핸드폰을 사용했으면 좋겠다. 승빈이는 핸드폰 사용을 참는 것이 항상 힘들다.

엄마 핸드폰이 책상 위에 있으면 자꾸 게임하고 싶지?

승빈 네, 맞아요. 게임하고 싶어서 참기가 너무 힘들어요.

엄마 그랬구나. 어른들도 마찬가지야. 핸드폰에 중독된 어른들이 얼마나 많은데. 엄마도 참느라 항상 힘들어.

승빈 엄마도 그래요?

엄마 엄마도 사실 그래. 집에서 핸드폰 보는 시간이 점점 늘어서 시간을 낭비하고 있는 기분이 들어. 게다가 집안일을 자꾸 미루게 돼서 대충 하게 되더라고.

승빈 근데 스트레스 풀게 되니까 좋은 점도 있어요.

엄마 그렇기는 하지. 하지만 좋은 점보다는 안 좋은 점이 더 많은 것 같기는 해. 게다가 핸드폰이 옆에 있으면 더 참기가 힘들더라.

승빈 저도 솔직히 그건 인정! 진짜 참기 힘들어요. 자동으로 손이 간다니까요.

엄마 그럼 우리 새로운 해결책을 찾아볼까? 핸드폰을 멀리 두는 방법이라도?

승빈 지현이네는 집에 가면 핸드폰 사용 못한대요.

엄마 그래? 어떻게 그렇게 할까?

승빈 핸드폰 보관함을 만들어 넣는 방법도 있죠.

엄마 좋은 방법인데? 그럼 꼭 필요할 때는 어떡해? 전화를 해야 할 경우라든지?

승빈 그때는 잠깐 열고 하는 거죠.

엄마 그럼 핸드폰 보관함은 어디에 둘까? 식탁 위? 아니면 현관?

승빈 식탁 위는 눈에 잘 띄니까 차라리 현관이 어때요?

엄마 그래? 그럼 우리 그렇게 일주일만이라도 해볼까?

승빈 엄마도 할 거예요?

엄마 당연하지. 승빈이가 한다면 엄마도 노력할 거야.

승빈 대신 꼭 필요할 때는 현관에 서서 확인하는 건 되는 거죠?

엄마 그럼~ 엄마도 꼭 필요할 때가 분명히 있을 거야.

승빈 아예 자물쇠로 잠가버리면 어때요?

엄마 그건 너무 불편하지 않을까?

승빈 번호 키로 하면 되죠.

엄마 그래, 그것도 좋은 생각이다. 승빈이가 이렇게 적극적으로 해주니까 엄마는 너무 기분이 좋고 네가 자랑스럽다. 아들 덕분에 엄마도 내일부터 핸드폰 덜 보게 되겠네.

승빈 네, 엄마. 한번 해봐요.

엄마 고맙다. 우리 아들 멋있네!

이번 시간에는 갈등 해결 기술 중 제3의 방법에 대해 살펴보았습니다. 이 방법의 장점이자 중요한 점은 이렇습니다. 강요나 강압 등의 통제 없이 부모와 함께 문제를 풀어가는 과정 속에서 자녀는 내가 왜 절제해야 하는지, 어떤 해결 방법이 있는지를 스스로 깨닫는 경험을 쌓을 수 있습니다. 또한 갈등이 나쁜 것만은 아니라는 것도 배우며, 해결책을 찾아가는 과정에서 창의성도 높아집니다.

제3의 방법으로 절제력을 익힌 자녀에게는 핸드폰뿐 아니라 향후 살아가면서 겪을 수많은 부정적 유혹에도 크게 흔들리지 않을 심지가 생겼을 것입니다.

일주일간 하실 숙제를 드립니다. 우선, 앞서 6교시 2의 환경 재구성 기술을 적용한 표(193쪽, 195쪽, 197쪽, 199쪽 표 중 선택)를 채워주세요. 자녀나 배우자, 또는 친구 등 타인을 대상으로 최소 3가지 이상 문제 상황을 해결하신 후 작성하시기 바랍니다. 그리고 다음 표(216~217쪽)에 제3의 방법으로 해결한 사례를 적어 넣으세요. 분명 나중에 본인에게 소중한 자료가 될 것입니다. 그럼 다가올 일주일도 파이팅! 응원합니다.

제3의 방법을 사용한 나의 사례

대상	상황	제3의 방법으로 해결한 사례

대상	상황	제3의 방법으로 해결한 사례

7교시

정리 및 평가

7교시 1

지난 6주간 어떠셨어요?

지금까지 배운 방법을 모두 적용한 사례

어느덧 6주가 지났습니다. 자녀를 사랑하는 여러분이 스스로 더 좋은 부모가 되겠다는 결심으로 공부를 시작한 지 6주, 이제 마지막 주에 접어들었습니다. 꾸준한 연습과 노력을 통해 지금쯤은 그간 배운 기술을 어느 정도 익숙하게 사용하고 계시리라 생각합니다. 문제 소유 가리기, 걸림돌 사용 자제, 앵무새 화법, 반영적 경청법, 나-전달법, 환경 재구성, 제3의 방법으로 이어지는 기술들을 말이죠.

이번 장에서는 여러분과 같은 방법으로 자녀와 열심히 소통하고 있는 다른 분들의 사례를 살펴보겠습니다. 다음 사례들에서 힌트를 얻어 자신의 경우에 적용해봐도 좋을 듯합니다.

나-전달법, 반영적 경청, 제3의 방법을 이어서 사용

전업주부인 저는 아이를 계속 집에서 돌보다가 아이가 5살이 되어서야 유치원에 보냈습니다. 그런데 제 아들 선우는 유치원에서 있었던 일을 물어보면 답하기를 싫어하더라고요. 처음에는 유치원 생활에 무슨 문제가 있나 싶어 선생님과 상담도 했지만 특별한 문제 없이 규칙을 잘 따르며 조용히 지낸다는 얘기만 들었습니다.

어느 날 선우가 방문을 잠그고 놀고 있길래 문을 두드리며 나-전달법을 사용했습니다.

"선우야, 방문을 잠그고 놀면 네가 다쳤을 때 엄마가 들어가지 못할 것 같아서 불안해. 그리고 엄마랑 벽을 만드는 것 같아 엄마 마음이 외로워졌어."

'이 정도면 배운 대로 잘한 거야' 하며 내심 뿌듯해하는데 아이의 반응은 제 예상을 벗어났습니다.

"아, 정말…! 유치원에 가면 선생님 마음대로 하고, 집에 오면 엄마 아빠 마음대로 하고! 난 언제 내 마음대로 해!" 하고 소리를 지르더라고요.

이 말을 들은 저는 선우에게 다가가 반영적 경청을 시도했습니다.

"그랬구나. 유치원에서도, 집에서도 선우 마음대로 할 수 있는 게 별로 없어서 답답했구나."

그러고는 불만이 터진 선우와 한참 대화를 나눴습니다.

엄마 선우 마음 이제 다 알았어. 엄마도 앞으로 노력할게. 근데, 혹시 우리 집에서 바꿨으면 하는 규칙 더 있어?
선우 아빠가 맨날 밥 먹는 시간 30분으로 정해놓고 시간 되면 확 치워버리는 거!
엄마 그랬구나. 그럼 선우는 어떻게 바꾸고 싶은데?
선우 35분!
엄마 (미소를 지으며) 너랑 상의도 없이 시간을 정한 게 속상했구나. 그럼 이제부터 35분으로 바꿔볼까?
선우 응, 좋아.

원래 밥을 천천히 먹는 선우. 밥 먹는 시간을 5분 늘렸을 뿐인데 스스로 정한 규칙이기에 만족합니다. 그 뒤로 집안의 크고 작은 규칙을 정할 때 꼭 선우와 상의해서 정하게 되었습니다.

내 자녀를 괴롭히는 아이, 어떻게 할까

딸아이는 초등학교 2학년인데 같은 반에 자꾸 딸아이를 괴롭히는 녀석이 있었습니다. 그 애가 "저리 비켜!" "넌 하지 마!" "저리 가!"라고 하면 소심한 제 아이는 겁을 먹고 아무 말도 못한다고 했습니다. 아이가 집에 와서 속상한 마음을 털어놓으면 저는 "그건 걔 잘못이지!" "그럴 땐 네가 이렇게 했어야지!" "오해받을 짓은 아예 하지를 마!"라고 말하며 해결책만 제시했습니다. 한편으로는 저도 화가 치밀었고요.

당시 이 수업을 듣던 저는 어느 날부터 아이에게 앵무새 화법으로 "그랬구나" "속상했겠구나"라고 말해주었습니다. 그러자 곧 아이가 방언이 터진 듯 말을 쏟아내기 시작했어요. 평소 괴롭히던 그 아이가 이랬었고 저랬었다며 그동안 있었던 일을 전부 얘기하더라고요. 그걸 듣고 저는 제3의 방법을 사용했습니다. "걔가 또 괴롭히면 어떻게 할까?"라고 물어본 다음 함께 방법을 정했습니다. '1번, 선생님께 이른다. 2번, 집으로 온다. 3번, 더 큰 소리로 화낸다!' 이렇게요.

다음 날 아침, 학교에 가는 아이의 발걸음이 달라졌고 표정은 마치 무기를 여럿 장착한 듯 자신감을 띠었습니다. 저는 그런 아이의 모습을 보며 응원할 따름이었지요.

이후 만약 아이가 문제를 해결하지 못하고 또 당하고만 온다면 이렇게 말해주세요. "걔가 너무 세게 나와서, 무서워서 못했구나. 다시 한번 연습해보고 다음에 또 시도해보자. 넌 이겨낼 수 있어." 그리고 아이에게 나-전달법을 가르쳐주세요. "엄마라면 걔한테 이렇게 말해보겠어. '네가 나한테 윽박지르듯이 말하는 것 같아서 나는 겁나고 자꾸 주눅이 들어, 그래서 학교 오기가 무섭고 속상해.'"

아이 스스로 해결책을 찾다

이 수업을 듣다가 문득 생각하니 저는 아이의 감정에 공감해주기보다는 해결책을 제시하는 쪽이었더라고요. 6살 아이가 "엄마, 목말라" 하면 "목마르구나" 하는 식의 반영적 경청을 한 번도 해본 적이 없었습니다. 아이가 "엄마, 목말라" 하면 "물 마셔" 하고 "엄마 쉬 마려워" 하면 "화장실 가!" 하고 해결책을 명령조로 얘기하는 식이었지요.

강의를 들으면서 해결 제시가 걸림돌이 될 수 있겠다는 생각이 들어 아이의 말을 그대로 따라 하기 시작했습니다. 불과 일주일이 지났는데요, 지금은 아이가 알아서 해결책을 말하는 습관이 생겼습니다.

"엄마, 목말라."
"우리 딸, 목이 말랐구나. 그럼 어떡하지?"
"물 마시면 되지!"

단것 먹는 습관을 줄인 방법

4살짜리 제 아들은 밥 먹기를 싫어하고 초콜릿과 젤리만 좋아합니다. 아이의 습관을 바꿔주고 싶었던 저는 수업에서 배운 내용을 적용해보았습니다.

아빠 네가 밥을 잘 안 먹고 초콜릿이나 젤리를 많이 먹으면 이가 썩어서 치과에 가야 해. 그 아픈 치과 치료를 받는 너의 모습을 보면 아빠는 너무 마음이 아프고 속상할 것 같아.

아들 치과 치료 많이 아파?

아빠 응, 어른들도 제일 무서워하는 병원이 치과거든.

아들 ….

아빠 치과 안 가려면 어떤 방법이 있을까? 함께 생각해볼래?

이렇게 저는 나-전달법으로 행동 수정을 시도했고 제3의 방법을 함께 찾아보았습니다. 그렇게 아이와 함께 만든 규칙은 '밥을 먹고 나서 초콜릿 또는 젤리 3조각을 먹는 것'입니다. 초반에는 규칙 지키기를 힘들어하더니 조금씩 나아졌고 이제는 제법 잘 지키고 있습니다. 그래서 칭찬을 더 해주었습니다.

"우리 아들, 이렇게 약속을 지켜줘서 너무 고맙다. 언제 이렇게 컸어?"

이 사례들은 우리가 배운 대화 기술과 제3의 방법을 복합적으로 사용하여 갈등 요소를 풀어나갈 수 있음을 보여줍니다. 여러분에게도 도움이 되기를 바랍니다.

7교시 2

'바꾸고 싶은 것'을 상기해봅시다

해결 계획표 작성하기

여기까지 오시느라 수고 많으셨습니다. 그동안 배운 것을 차례로 짚어볼까요?

1교시에는 우선 '나는 어떤 부모인가'를 스스로 체크하기 위해 자신이 어느 정도까지 수용하는 부모인지를 알아보았습니다. 특정 문제 발생 시 그 문제가 내가 소유한 문제인지, 자녀가 소유한 문제인지를 구분하는 문제 소유 가리기를 배웠습니다. 13가지 걸림돌 중 내가 주로 사용하는 걸림돌을 알아보고 걸림돌을 사용하지 않기 위해 노력했습니다.

2~3교시에는 대화 기술 중 반영적 경청법을 배웠습니다. 2교시에는 소극적 경청법으로 ❶관심 보여주기 ❷침묵하기 ❸인정하기 ❹

말문 열어주기를 익혔고 앵무새 화법으로 자녀의 이야기에 '구나'를 반복하는 대화법도 익혔습니다. 동물원 소풍을 가기 싫다고 한 아이에게 관심을 기울여주고, 기다려주고, 주장을 인정해줬더니 아이가 동물이 무서워서 그런다며 속마음을 보여주었던 사례 기억나시죠? 덧붙여, 감정을 읽어줄 때 다양한 감정 표현 단어를 사용하시길 당부드렸습니다.

3교시에는 반영적 경청에서 완전한 문장을 구사하는 방법을 배웠습니다. 자녀가 겪은 문제의 원인이 무엇인지 한번 상기시켜주고(❶이유), 이 문제로 생겨난 자녀의 감정을 진심으로 공감해준 뒤(❷자녀의 감정), 이 문제와 자녀의 감정에 대해 부모로서의 위로(❸나의 위로)로 마무리하는 문장이었습니다. 다음 사례 외에도 많은 정답 샘플을 참고해서 연습하셨을 겁니다.

"수업 시간에 갑자기 친구가 너를 놀려서" ❶이유
"부끄럽고 당황스러워서 화가 났겠구나." ❷자녀의 감정
"엄마도 그런 일을 겪으면 참기 힘들었을 거야." ❸나의 위로

3교시까지의 수업이 '어떻게 들어줘야 하는지'에 집중했다면 4~5교시는 내가 하고 싶은 말을 '어떻게 말해줘야 하는지'를 배우는 시간이었습니다. 바로 '나-전달법'이지요. 먼저 4교시에는 나-전달법의 문장에 ❶상대를 향한 비난이나 평가가 없어야 하고 ❷상대의 행동이

나에게 미치는 영향을 구체적으로 표현해야 하며 ❸그 영향에 대한 나의 감정이나 느낌이 들어가야 한다는 것을 배웠습니다.

"오랜만의 가족여행에서 네가 핸드폰을 오래 보고 있으니"
❶비판 없는 행동 서술
"여행을 준비한 아빠의 노력이 인정받지 못하는 것 같아."
❷상대의 행동이 나에게 미치는 영향
"실망스러워서 낙담하게 됐어." ❸그 영향에 대한 나의 감정

이에 더해 나의 real want를 찾는 법을 배웠고 인생 시기에 따른 부모-자녀 간 힘의 흐름도(우월 단계, 동등한 단계, 역전 단계)를 살펴보았습니다. 또한 부정적 감정이 많이 쌓인 후 분노가 표출된다는 감정의 빙산 이론, 그리고 반영적 경청법과 나-전달법을 교차 사용하는 기어 바꾸기 기술도 익혔습니다.

5교시에는 나-전달법의 여러 사례와 함께 나-전달법의 종류를 배웠습니다. 긍정적 나-전달법, 자기개방적 나-전달법, 예방적 나-전달법, 주도적 나-전달법을 알아보았으며 성인과 유아에게 적용하는 사례를 통해 대상 범위를 확대해보았습니다. 그리고 배우자를 동참하도록 하기 위해 욕구 강도를 측정해보기도 했지요.

이렇듯 5교시까지 공감하고 대화하는 법을 배웠다면 6교시에는 그 대화 기술 사용에 더해 외부 환경을 바꿔주는 환경 재구성에 대

해 살펴보았습니다.

- **❶ 더해주기**   정리를 위한 물품을 추가하거나 시간, 장소를 더해주는 방법
- **❷ 정돈해주기**   인형 버리기 등 줄이고 축소하고 제한하는 방법
- **❸ 바꿔주기**   편리함 또는 안전성을 위해 도구, 시간, 공간을 바꿔주는 방법
- **❹ 계획하기**   달력과 시계 등 적절한 도구를 이용해 시간 계획 능력 길러주기

물론 환경 재구성을 할 때는 자녀와 함께 결정하는 것이 가장 중요하다는 점도 배웠습니다.

제3의 방법도 기억하실 겁니다. 대화 기술로도 환경 재구성으로도 문제 해결이 안 될 경우 억압하거나 굴복하기보다는 함께 해결책을 찾는 민주적인 방법이 필요하다는 걸 알게 되었지요. 또한 용돈 올려주기, 핸드폰 사용 자제하기 등 현실적으로 어려운 문제를 풀기 위해서는 끊임없는 대화뿐 아니라 함께하는 노력이 필요하다는 것도 알 수 있었습니다.

이렇게 해서 7교시에 다다른 지금은 어느 정도 숙련된 분도 있고 여전히 어려운 분도 계실 것입니다. 문제 소유 가리기부터 제3의 방법까지 모든 단계를 너무 완벽하게 수행하려고 애쓸 필요는 없습니

다. 대화 도중 실수하더라도 괜찮습니다. 전체가 아닌 일부만 적용해봐도 되고요. 잘 풀리지 않을 때는 초기에 배운 소극적 경청법부터 하나하나 다시 연습해보세요. 연습이 완전함을 만든다고 합니다.

이제 마지막 숙제를 드립니다. 1교시 수업을 마치고 숙제로 작성하신 '꼭 바꾸고 싶은 구체적 문제 3가지'(41쪽)를 보면서 다음 표를 작성해보세요. 초심을 다시 한번 떠올리고 방법을 적은 후 실제로 그것들을 바꿔보시기 바랍니다.

바꾸고 싶은 것 해결 계획표

1		
	바꾸고 싶은 것	
	반영적 경청법	
	나-전달법	
	환경 재구성	
	제3의 방법	

2		
	바꾸고 싶은 것	
	반영적 경청법	
	나-전달법	
	환경 재구성	
	제3의 방법	

3	바꾸고 싶은 것	
	반영적 경청법	
	나-전달법	
	환경 재구성	
	제3의 방법	

여러분, 지난 7주간 어떠셨나요? 우선 다음과 같은 성과를 측정해볼 수 있을 것입니다. '부모인 나는 많이 달라졌을까? 자녀는 얼마나 달라졌나? 배우자는 얼마나 달라졌나? 집안에서 아이의 목소리가 커졌나?'

한편으로는 다음과 같은 질문을 던지기도 했겠지요. '나는 어떤 부모였나? 나의 수용 범위는 넓어졌나? 나의 real want로 보아 나는 어떤 사람인가? 내가 원했던 것들이 과연 자녀도 원했던 걸까?' 이처럼 자신을 되돌아보는 시간도 되었을 것입니다.

이 책을 열어본 여러분은 좋은 부모가 되기 위해 노력하는, 따라서 이미 훌륭한 부모라고 말씀드렸지요. 그 시작과 꾸준한 노력에 진심으로 박수를 보냅니다.

관계를 단 한 번에 개선하는 마법은 세상에 없습니다. 다만 여러분은 부모의 사랑이라는 무한한 에너지를 지닌 위대한 사람이라는 걸 잊지 말아주세요. 또한 좋은 부모가 되고 싶다는 여러분의 마음과 마찬가지로 '자녀도 좋은 자녀가 되고 싶은 마음을 갖고 있다'는 점을 항상 기억하시기 바랍니다.

책으로 부족한 부분도 많았으리라 생각합니다. 자녀와 소통하면서 이럴 땐 어떻게 할지 더 궁금하거나 직접 컨설팅을 받아보고 싶다면, 또는 이론 공부를 더 해보려는 마음이 든다면 한국심리상담연구소에서 주관하는 강의를 직접 들어보셔도 좋겠습니다.

여러분도 저도 앞으로 살아가면서 가족 구성원과 크고 작은 갈등을 겪을 겁니다. 그러다 어느 순간 자신의 대화 방법이 예전으로 돌아갔다는 느낌이 들면 이 책을 꺼내 복습해주세요.

우리 자녀들이 부모와 따뜻한 대화를 많이 하면서 성장한다면 나중에 어디서 무엇을 하든 사랑받는 사람이 될 것입니다. 부디 사랑 많이 받는 자녀가 되게끔 도와주시길, 간절히 바랍니다.

부록

많은 분이 선택하고
작성한 답

지난 7주간 숙제로 내드렸던 워크시트 중에서 가장 많은 분이 선택하고 작성하신 답을 공유합니다. 육아에 정답은 없습니다. 부모가 어릴 적 양육받은 환경의 영향으로 생성된 가치관에 따라, 부부가 합의한 가치관에 따라 다르기 때문입니다.

다만 지금까지 알려드린 대화법과 소통 기술을 다른 부모들은 어떻게 해석하고 적용했는지 참고하시는 것도 도움이 될 수 있다고 생각합니다. 자신이 작성한 내용을 복기하며 참고 자료로 활용하시기 바랍니다.

수용 등급 셀프 체크하기 (18~19쪽)

번호	문제	수용	비수용
1	퇴근 후 저녁, 아이들이 큰 소리로 싸우고 있다.		○
2	아이가 부스러기가 많이 떨어지는 과자를 먹는다.	○	
3	아이가 이번 주말에 친구를 우리 집에 초대해 1박 2일 파자마 파티를 하고 싶다고 말한다.	○	
4	아이가 5만 원이 든 지갑을 잃어버렸다.		○
5	숙제를 끝낸 아이, 밤 11시가 넘도록 잠을 자지 않고 핸드폰을 보고 있다.		○
6	퇴근 후 집에 들어오니 아이가 반갑게 인사를 한다.	○	
7	할머니와 식사하는 자리, 아이는 계속 핸드폰만 보며 퉁명스럽게 대화한다.		○
8	아이가 자기 전 내 침대로 와 나를 꼭 안아준다.	○	
9	학교 평가점수에 포함되지 않는 조별 과제 영상 만들기에서 다른 애들은 무임승차를 하는데 우리 애만 3일째 밤 12시까지 고생하고 있다.		○

번호	문제	수용	비수용
10	자전거 타기가 아직 서투른 아이가 답답하다며 안전모를 쓰지 않고 자전거를 끌고 나가려 한다.		○
11	평소 무서움을 많이 타는 아이가 공포 애니메이션을 보고 있다.		○
12	두 아이가 괴성을 지르며 침대에서 뛰어놀고 있다. 참고로 우리 집은 아파트 7층이다.		○
13	아이가 학교에서 모범어린이상을 받아왔다.	○	
14	아이가 하나에 5만 원짜리 연예인 앨범(포토카드)을 벌써 일곱 개째 샀다.		○
15	식사를 끝낸 아이가 자기가 사용한 그릇을 싱크대에 갖다 놓는다.	○	
16	이마의 여드름 때문에 한 달째 피부과에 다니는 아이가 일주일에 라면을 세 번씩 먹고 있다.		○
17	아이가 이번 방학이 시작되면 반 아이들과의 카톡을 차단하고 공부에 집중하겠다고 한다.	○	
18	자전거를 타고 가면 10분 만에 갈 수 있는 학원인데 아이가 굳이 힘들게 30분을 걸어가겠다고 한다.		○

		수용	비수용
1	**문제** 퇴근 후 저녁, 아이들이 큰 소리로 싸우고 있다.		
	사정	수용	비수용
	A 나는 편안한 마음으로 핸드폰을 보고 있었다.	○	
	B 조금 전까지 거래처에서 컴플레인 전화를 계속 받고 있었다.		○
2	**문제** 아이가 부스러기가 많이 떨어지는 과자를 먹는다.		
	사정	수용	비수용
	A 식탁 위에서 쟁반을 깔고 먹고 있다.	○	
	B 안방 침대 위에서 엎드려 먹고 있다.		○
3	**문제** 아이가 이번 주말에 친구를 우리 집에 초대해 1박 2일 파자마 파티를 하고 싶다고 말한다.		
	사정	수용	비수용
	A 나는 요즘 특별한 일도 없고 컨디션도 좋은 편이다.	○	
	B 평일 내내 둘째 육아에 시달리고 있고 집에 먹을 것이 하나도 없다.		○
4	**문제** 아이가 5만 원이 든 지갑을 잃어버렸다.		
	사정	수용	비수용
	A 이번 달은 마침 생활비가 여유가 있다.	○	
	B 이번 달은 큰 지출이 많아서 카드값이 연체되었다.		○
5	**문제** 숙제를 끝낸 아이, 밤 11시가 넘도록 잠을 자지 않고 핸드폰을 보고 있다.		
	사정	수용	비수용
	A 내일은 주말, 특별한 일정도 없다.	○	
	B 내일은 월요일, 아이를 학교에 보내자마자 둘째 데리고 소아과에 가야 한다.		○

문제 소유 가리기(26~27쪽)

번호	발생한 문제	아이의 소유	부모의 소유	둘 다 아님
1	큰애가 잘 씻지 않는 동생에게 땀 냄새가 난다며 자주 불평을 한다.	○		
2	아이가 아침에 자주 늦게 일어나는데, 지각할 것 같으면 출근으로 바쁜 나에게 차로 데려다달라고 조른다.		○	
3	중학생인 아이가 반에서 자기만 모태솔로라며 놀림을 받고 우울해한다.	○		
4	아이가 학교 중간고사를 잘 볼 자신이 없다며 두려워한다.	○		
5	아이가 원해서 반려동물을 키우는데, 아이는 배설물 처리 담당이면서도 잘 치우지 않는다.		○	
6	바이올린을 배우는 아이가 주말에 새로 익힌 곡을 들려주겠다고 말한다.			○
7	아이가 늦게 들어오는 바람에 나는 친구들과의 저녁 모임에 나가지 못했고 회비는 이미 냈다.		○	
8	아이를 돌봐주시는 분이 참 잘해주시는데도 내가 외출할 때마다 아이가 운다.	○		
9	아이가 혼자 자는 것이 무서워 매일 재워달라고 하는데 아이 침대는 좁다.		○	

번호	발생한 문제	아이의 소유	부모의 소유	둘 다 아님
10	내가 큰맘 먹고 산 한우 고기를 아이는 먹는 둥 마는 둥 깨작거린다.		○	
11	아이가 평소 친하게 지내던 친구 그룹에서 한 친구에게 따돌림을 당해 화가 났다.	○		
12	하루 종일 딴짓만 하던 아이가 밤 11시가 넘도록 숙제를 하고 있어 화가 난다.		○	
13	초4 아이가 주말에 새로 사귄 친구와 함께 처음으로 PC방에 가기로 약속했다.		○	
14	여드름 때문에 비싼 피부과 치료를 받는 딸, 늦은 밤 라면을 먹겠다고 한다.		○	
15	오랜만에 가족여행을 갔는데 아들은 종일 핸드폰만 들여다본다.		○	
16	아이가 유명 아이돌 포토 카드를 모으기 위해 용돈을 모아 같은 앨범 5장을 샀다.		○	
17	영어학원 단어 숙제가 일주일에 5장인데 우리 아이는 힘들다고 3장만 하고 있다.		○	

반영적 경청법 사용하기(64~65쪽)

오빠한테 장난감을 빼앗긴 아이, 울면서 나에게 다가온다.

아이의 느낌 서러움, 화남, 분노, 울분, 무너진 자존감, 슬픔

대답 오빠한테 장난감을 뺏겨서 서럽구나.

"아빠가 일주일 용돈 만 원밖에 안 주면서 아껴 쓰라고 잔소리해."

아이의 느낌 답답함, 소통이 안 됨, 쩨쩨함, 화가 남

대답 용돈이 항상 모자란 데 아껴 쓰라 하니 답답했구나.

"학교 오케스트라 선생님은 맨날 연습 숙제를 많이 내줘요. 수행 평가 숙제가 산더미인데! 오케스트라는 솔직히 취미잖아요."

아이의 느낌 부담스러움, 억울함, 화남, 답답함, 억눌림, 스트레스

대답 그랬구나. 취미반인데 숙제를 많이 내줘 부담스럽구나.

"할아버지가 위치 추적 앱으로 나를 감시하는 것 같아서 기분이 나빠."

아이의 느낌 갑갑함, 불쾌함, 못마땅함, 서운함

대답 감시당하는 기분이 들어 갑갑하고 불쾌했구나.

유치원 아이, "엄마, 애들이 나랑 잘 안 놀아줘! 짜증 나!"

아이의 느낌　외로움, 소외감, 서운함, 섭섭함, 자괴감

대답　친구들이 너랑 안 놀아주는 느낌이 들어 외로웠구나.

"엄마, 저 어제 학원에서 60점 받은 거요, 아빠한테 뭐라고 말해야 할지…."

아이의 느낌　무서움, 초조함, 두려움, 불안함, 무력감, 난감함

대답　점수가 낮아 너도 힘든데 아빠가 혼낼까 봐 무섭구나.

초등학교 5학년 아들이 오늘만 옆에서 재워달라고 한다.

아이의 느낌　불안감, 두려움, 외로움, 위로받고 싶음

대답　갑자기 불안한 마음이 들어 혼자 자기 두려웠구나.

"할머니는 나만 보면 잔소리해요. 같이 밥 먹으러 가기 싫어요."

아이의 느낌　지겨움, 못마땅함, 미움, 손절, 반항, 원망

대답　할머니한테 잔소리를 많이 들어서 지겹고 못마땅하구나.

나-전달법 연습(117~120쪽)

상황	일요일 이른 아침. 2살 아기가 자고 있는데 6살 아들이 거실에서 크게 TV를 틀어놓고 있다.
❶ 행동 서술	네가 TV 소리를 크게 틀면
❷ 구체적 영향	잠자는 아기를 깨우게 돼서 엄마는 아기를 돌봐야 해.
❸ 나의 감정	그러면 엄마는 너무 힘이 들어.

상황	금요일 밤 10시. 중학생 딸이 친구를 만나기 위해 잠시 외출하려 준비 중이다.
❶ 행동 서술	네가 늦은 시간에 외출을 하면
❷ 구체적 영향	엄마는 네가 들어올 때까지 기다리다 보면 초조하고 걱정이 돼서 잠을 제대로 잘 수가 없어.
❸ 나의 감정	그러면 엄마는 내일 아침 힘들어질까 봐 벌써부터 걱정돼.

상황	고등학생 딸. 방에는 제자리에 있는 물건이 없고 특히 뱀 허물처럼 벗어놓은 옷이 여기저기 널브러져 있다.
❶ 행동 서술	네가 벗은 옷을 방 여기저기에 놔두면
❷ 구체적 영향	엄마는 빨래할 옷이 어떤 건지 헷갈려서 빨래를 제대로 할 수가 없어.
❸ 나의 감정	그래서 곤란하고 난처해.

상황	오랜만에 저녁 외식을 하러 가려는 가족. 아들이 초코파이를 하나 뜯어 먹으려 한다.
❶ 행동 서술	지금 네가 초코파이를 먹으면
❷ 구체적 영향	배가 불러 저녁을 조금밖에 안 먹을 거고, 돈은 돈대로 다 내야 해.
❸ 나의 감정	모처럼 함께하는 외식을 준비한 엄마는 허무하고 언짢아.

상황	PC방에 가본 적이 없는 초4 아들, 새로 사귄 친구들과 주말에 PC방에 가기로 약속했다고 한다.
❶ 행동 서술	네가 친구들과 PC방에 간다고 하니까
❷ 구체적 영향	아빠는 네가 흡연에 노출되고 불량한 사람들한테 노출될지 모른다는 생각이 들어.
❸ 나의 감정	불안하고 염려가 돼.

상황	여드름 때문에 비싼 피부과 치료를 받는 중1 딸, 늦은 밤 라면을 먹겠다고 한다.
❶ 행동 서술	네가 늦은 밤 라면을 먹겠다고 하면
❷ 구체적 영향	엄마가 없는 돈을 쪼개 큰맘 먹고 피부과를 끊어주고 같이 다닌 노력이 허사가 되는 것 같아.
❸ 나의 감정	허무하고 속상해.

상황	오랜만에 가족여행을 갔는데 아들은 하루 종일 핸드폰만 들여다보고 있다.
❶ 행동 서술	오랜만의 가족여행에 네가 핸드폰을 오래 보고 있으니
❷ 구체적 영향	여행을 위해 준비한 아빠의 노력을 너에게 인정받지 못하는 것 같아.
❸ 나의 감정	실망스러워서 낙담하게 됐어.

상황	영어학원 단어 숙제가 일주일에 5장인데 우리 아이는 힘들다고 3장만 하고 있다.
❶ 행동 서술	네가 힘들다고 선생님께 말해 숙제를 3장만 하고 있으니
❷ 구체적 영향	남들과 똑같은 학원비를 내는데 공부는 덜 하는 것 같아.
❸ 나의 감정	학원비를 내기가 아깝고 힘이 빠져.

아이와 어떻게 대화할까

초판 1쇄 발행 2025년 7월 14일

지은이 이현심

기획 · 진행 남궁재환
교정교열 심재경
디자인 행복한 물고기Happyfish

펴낸이 박경란
펴낸곳 심플라이프
등 록 제406-251002011000219호(2011년 8월 8일)
전 화 02.6013.3338
팩 스 02.6442.3380
이메일 simplebooks@daum.net
블로그 https://blog.naver.com/simplebooks

ⓒ 이현심, 2025
ISBN 979-11-86757-97-0 03590

저작권법에 의해 보호를 받는 저작물이므로 무단전재와 복제를 금합니다.
이 책의 일부 또는 전부를 이용하려면 저작권자와 심플라이프의 동의를 받아야 합니다.
책값은 뒤표지에 있습니다. 잘못된 책은 구입하신 곳에서 바꾸어드립니다.

● 심플라이프는 독자 여러분의 다양하고 참신한 원고를 기다리고 있습니다.
  simplebooks@daum.net으로 보내주세요.